Ln 27/19218

AF396981

LIBRAIRIE DE PEYTIEUX,
GALERIE DELORME, Nᵒˢ 11 ET 13.

Essai historique

SUR LA VIE ET LES CAMPAGNES

DU

BAILLI DE SUFFREN;

PAR M. HENNEQUIN,

SOUS-CHEF AU MINISTÈRE DE LA MARINE,
ÉDITEUR DE L'ESPRIT DE L'ENCYCLOPÉDIE, ET L'UN DES COLLABORATEURS
DE LA BIOGRAPHIE UNIVERSELLE.

1 volume in-8°, pour paraître le 1ᵉʳ mai.

ORNÉ D'UN PORTRAIT DE M. DE SUFFREN, AU TRAIT,
ET D'UN FAC SIMILE DE SON ÉCRITURE.

Prospectus.

Sɪ l'estime et la considération des hommes s'acquièrent par de grands talens et une bravoure éprouvée, M. de Suffren y eut des droits incontestables.

Personne, en effet, ne posséda à un degré plus éminent cette tranquillité de courage, et cette sérénité d'âme dans le péril, qu'on appelle sang-

froid; et cette qualité est peut-être le plus beau don de la nature pour ceux qui sont destinés à commander aux hommes.

Les nombreux combats, livrés si à propos et dirigés avec tant d'art par le Bailli de Suffren, dans sa belle campagne de l'Inde, ont été également admirés par les Français et par les Anglais; et la gloire qu'il s'y est acquise recevra un nouvel éclat, quand on verra qu'il était livré à ses propres moyens, et qu'il puisait toutes ses ressources dans son génie.

C'est cette tâche que M. Hennequin a entreprise dans l'ouvrage que nous annonçons aujourd'hui au Public. Guidé par le désir d'être utile, il a pensé que le récit des campagnes de M. de Suffren intéresserait non-seulement ceux qui y ont participé, ou qui ont été les contemporains de sa gloire, mais aussi ceux qui suivent la carrière dans laquelle il s'est illustré.

S. E. le Ministre de la Marine, sur la demande de M. Hennequin, a bien voulu lui permettre de puiser dans les archives du Ministère tous les matériaux qu'il a jugés propres à l'exécution de son travail, et il est difficile de donner une meilleure garantie de la fidélité et de l'exactitude des faits qu'il a rapportés.

Nous ne négligerons rien pour donner à cet ouvrage, sous le rapport typographique, tout le soin qu'il réclame par son importance. L'édition entière sera sur papier satiné, absolument semblable à celui de ce *Prospectus*, et l'impression en sera confiée à M. Rignoux.

Le prix de cet ouvrage, avec couverture imprimée, sera de 3 fr. 50 cent. pour les Souscripteurs, pris à Paris; et de 4 fr., franc de port par la poste, pour les départemens.

A l'époque de la mise en vente, le prix sera de 4 fr., pris à Paris; et de 4 fr. 50 cent. pour les départemens.

ON NE PAIE RIEN A L'AVANCE.

La Souscription est ouverte, A Paris,

CHEZ PEYTIEUX, LIBRAIRE,

GALERIE DELORME, N°s 11 et 13;

ET CHEZ TOUS LES LIBRAIRES DES DÉPARTEMENS.

Nota. Les lettres non affranchies ne seront pas reçues.

DE L'IMPRIMERIE DE RIGNOUX.

Ouvrages sous presse, chez le même Libraire.

HISTOIRE DE LA CATASTROPHE DE SAINT-DOMINGUE ; avec la Correspondance des généraux Leclerc (beau-frère de Bonaparte), Henri-Cristophe (depuis roi d'Haïti), Hardy, Vilton, etc., certifiée conforme aux originaux déposés aux archives, par le lieutenant-général ROUANEZ jeune, secrétaire d'état ; publiées par *Bouvet de Cressé*, membre des ancienne et nouvelle Universités de France. 1 vol. in-8°.

COMMENT DONC FAIRE ? *ou* LES DEUX ORPHELINES ; par M. *Le Gay*, auteur du *Marchand forain*, de *la Roche du Diable*, etc. 2 vol. in-12.

L'EXPÉRIENCE DU JEUNE AGE, par Mme *de Courval*; 2e édition. 1 vol. in-12, orné de jolies gravures.

Ouvrages nouveaux, de fonds et en nombre.

HISTOIRE PHYSIQUE, CIVILE ET MORALE DE PARIS, depuis les premiers temps historiques jusqu'à nos jours ; par *J. A. Dulaure*, de la Société des Antiquaires de France ; 2e édit., considérablement augmentée en texte et en gravures. 10 vol. in-8° et Atlas in-4°, publiés en 40 livraisons. Prix de chaque livraison.   3 fr. 75 c.
 28 livraisons et l'Atlas sont en vente.

ESQUISSES HISTORIQUES DES PRINCIPAUX ÉVÉNEMENS DE LA RÉVOLUTION FRANÇAISE, depuis la convocation des États-Généraux jusqu'au rétablissement de la maison de Bourbon ; par *Dulaure*. 4 vol. in-8°, publiés en 24 livraisons. Prix de chaque livr.   3 fr.
 14 livraisons sont en vente.

LE CHRISTIANISME DES GENS DU MONDE, mis en opposition avec le véritable Christianisme ; par *William Wilberforce*, esq., membre du Parlement Britannique ; traduit de l'anglais sur la 11e édition, par M. Frossard, Docteur en théologie dans l'Université Royale de France. 2 vol. in-8°.   8 fr.

CONSTITUTION ET ORGANISATION DES CARBONARI, *ou* Documens exacts sur tout ce qui concerne l'existence, l'origine et le but de cette Société, avec un brevet de carbonaro colorié ; par *M. Saint-Edme*; 2e édition. 1 vol. in-8°.   4 fr.

HISTOIRE DE JEAN-SANS-TERRE, roi d'Angleterre ; par le Docteur *J. Mérington*; trad. de l'anglais par M. Th. Pein. 1 vol. in-8°. 4 fr.

ŒUVRES DIVERSES DE J.-J. BARTHÉLEMY ; nouvelle édition, augmentée de l'*Essai sur la vie de J.-J. Barthélémy*, par *Nivernois*. 2 vol. in-8° avec planches et portrait.   12 fr.
Nota. Cet ouvrage convient à toutes les personnes qui ont le *Voyage* de l'abbé Barthélemy, format in-8°.

CASTAING, *ou* LA VICTIME DES PASSIONS, poëme historique, suivi de Poésies diverses ; par *J.-A. Bonjour.* In-18, fig.   2 fr.

LE LA ROCHEFOUCAULD DES DAMES ; Recueil de pensées de Mes de Staël, Neker, de Tencin, Riccoboni, Cottin, de Sévigné, etc. 1 vol. in-18, orné de jolies gravures.   2 fr. 50 c.

LES JEUNES ORPHELINS, *ou* Contes d'une Grand' Mère ; par Mme *de Courval.* 1 vol. in-18, orné de jolies gravures.   1 fr. 50 c.

CONTES A MA SŒUR ; par *A. P. Chaalons d'Argé.* 2 vol. in-12.   5 fr.
Nota. L'un des Contes de ce charmant Recueil, *la Jeune Aveugle*, a fourni à MM. Scribe et Mélesville le sujet de leur jolie comédie intitulée *Valérie.*

TRAITÉ DU JEU DE BILLARD, avec un Vocabulaire de tous les termes usités à ce jeu ; par Mⁿ. B^d. M. 2e édition.   1 fr. 80 c.

ESSAI HISTORIQUE

SUR

LA VIE ET LES CAMPAGNES

DU

BAILLI DE SUFFREN.

Cet ouvrage se trouve aussi :

A Paris,	chez CORNEILLE, libraire, rue de la Feuillade, n° 4.
Bordeaux,	MERY, veuve BERGERET.
Brest,	LEFOURNIER et DEPERRIERS.
Cherbourg,	BOULANGER.
Au Havre,	CHAPELLE.
Lorient,	CARIS.
Rochefort,	FAYE.
Marseille,	CAMOIN frères.
Nantes,	BUSSEUILLE jeune.
Toulon,	BELLUE, BAYSSIU, FLEURY.

PARIS. — IMPRIMERIE DE RIGNOUX,
rue des Francs-Bourgeois-S.-Michel, n° 8.

Pierre André De Suffren St Tropez.
Vice-Amiral de France.

ESSAI HISTORIQUE

SUR LA

VIE ET LES CAMPAGNES

DU

BAILLI DE SUFFREN.

ÉDITEUR DE L'ESPRIT DE L'ENCYCLOPÉDIE
ET L'UN DES COLLABORATEURS DE LA BIOGRAPHIE UNIVERSELLE.

PARIS,

LIBRAIRIE DE PEYTIEUX,

GALERIE DELORME, Nᵒˢ 11 ET 13.

1824.

L'histoire de la vie d'un homme de mer
n'est autre chose que le récit de ses campagnes et de ses combats. Ses études,
ses occupations, l'espèce d'existence à laquelle il est appelé, en l'isolant de la société, en font un homme tout particulier,
et le placent, pour ainsi dire, hors de la
vie commune.

L'Essai qu'on va lire ne peut donc présenter aucune de ces anecdotes que l'oi-
sive curiosité recherche ordinairement
dans la vie des hommes célèbres.

Deux sortes d'hommes sont faits pour
la renommée : les princes, qui y sont as-
sujétis, et qui ne peuvent y échapper ; et
ceux qui, par leurs talens ou leur bravoure, se sont rendus illustres.

A ce titre, peu d'hommes ont eu plus de droits à la célébrité que le Bailli de Suffren, et il suffira, pour en être convaincu, de parcourir la série de faits mémorables dont sa carrière a été remplie.

En composant cet Essai, je ne me suis point dissimulé la difficulté de la tâche que je m'imposais, et j'ai plus consulté mon zèle que mes forces. Mais, guidé par le désir d'être utile, j'ai pensé que le récit des actions glorieuses de M. de Suffren, quelque imparfait qu'il fût, intéresserait ceux qui y ont participé, ou qui ont été ses contemporains; et que les officiers qui parcourent aujourd'hui la carrière qu'il a tant illustrée, pourraient y trouver des exemples utiles, et des motifs d'une généreuse émulation.

Tel est, en effet, le but que je me suis proposé; heureux si je suis parvenu à l'atteindre! Je puis du moins répondre de la fidélité des sources où j'ai puisé les matériaux de mon travail. S. Exc. M. le Marquis de Clermont - Tonnerre a bien voulu donner des ordres pour que les archives de la marine me fussent ouvertes. J'y ai trouvé des documens précieux, tels qu'une volumineuse correspondance de quelques - uns des administrateurs employés dans nos établissemens de l'Inde pendant la guerre de 1778 à 1783; le Journal de la campagne de l'Inde, par le capitaine de vaisseau Trublet; et surtout des lettres et des mémoires adressés par le Bailli de Suffren à M. le maréchal de Castries [1].

Il est, toutefois, une obligation que je me plais à avouer : c'est celle que j'ai à MM. les officiers - généraux et autres de la marine, qui ont bien voulu prendre connaissance de mon manuscrit, et qui

[1] J'ai aussi puisé des renseignemens très-utiles dans les différens ouvrages publiés sur les guerres maritimes de la France, depuis 1643 jusqu'à nos jours.

viij

m'ont donné d'utiles conseils. Diverses
personnes encore, par des communications de pièces importantes, et par des
observations judicieuses, ont contribué
à rendre mon ouvrage moins imparfait ;
et, en regrettant que la modestie des
uns et des autres ne m'ait pas permis
de faire connaître leurs noms, je saisis
cette occasion pour leur en témoigner ici
toute ma reconnaissance.

J.-F.-G. Hennequin.

ESSAI HISTORIQUE

SUR

LA VIE ET LES CAMPAGNES

DU

BAILLI DE SUFFREN.

PIERRE-ANDRÉ DE SUFFREN SAINT-TROPEZ, naquit au château de Saint-Cannat, en Provence, le 13 juillet 1726.

Sa famille tenait depuis long-temps un rang distingué parmi la noblesse de cette province.

Laurent-Pierre de Suffren, marquis de Saint-Tropez, eut six enfans de son mariage avec mademoiselle de Bruni de la Tour-d'Aigue.

L'aîné, marquis de Saint-Tropez, embrassa la carrière des armes. Il fut maréchal-de-camp, chevalier de Saint-Louis, et remplit, en 1745, les fonctions de

I

maréchal général des logis, dans la campagne d'Italie, sous les ordres du maréchal de Maillebois.

Le second, ayant pris les ordres, devint évêque de Sisteron, et fut ensuite nommé à l'évêché de Nevers.

Le troisième est le bailli de Suffren, qui fait le sujet de cet ouvrage.

Le dernier, connu sous le nom de commandeur de Suffren, eut le commandement de la marine de l'ordre de Malte.

Des deux filles issues de ce mariage, l'aînée épousa le marquis de Pierrevert, et l'autre le marquis de Nibles de Vitrolles.

Des convenances de famille ayant fait destiner le jeune Pierre-André à servir dans la marine, et à entrer dans l'ordre de Saint-Jean-de-Jérusalem, à peine eut-il terminé ses études, qu'il fut envoyé à Toulon. Admis dans les gardes de la marine, au mois d'octobre 1743, il reçut l'ordre de s'embarquer sur *le Solide*. La

France était alors en guerre avec l'Angleterre. Ce vaisseau faisait partie de l'armée française et espagnole combinée; et, pour son début, le jeune Suffren assista au combat que soutint ce bâtiment contre *le Northumberland*. L'année suivante, étant sur *la Pauline*, à la Martinique, il fut témoin d'un autre combat; et le sang-froid qu'il montra dans ces deux actions fit dès-lors présager à ses chefs ce qu'il devait être un jour. Au désarmement de *la Pauline*, ayant reçu l'ordre de se rendre à Brest, il fut embarqué sur le vaisseau *le Trident*. Ce vaisseau, commandé par M. d'Estourmel, faisait partie de l'escadre sous les ordres du duc d'Amville. On sait que cette expédition, dont le but était de reprendre le Cap-Breton et de ruiner la colonie anglaise d'Anapolis, eut une issue très-malheureuse : l'escadre fut dispersée par une violente tempête; et ayant été ensuite attaquée par l'armée anglaise, la plupart des vaisseaux furent obligés de se rendre. *Le Trident* fut du petit nombre de ceux qui parvinrent à s'échapper.

Les témoignages avantageux qui furent rendus à la cour, sur l'activité et la bravoure du jeune Suffren, lui méritèrent le brevet d'enseigne de vaisseau; et ce fut en cette qualité qu'il s'embarqua, en 1747, sur *le Monarque*, dans l'escadre de M. de l'Étanduère.

Cette escadre, composée de huit vaisseaux, était chargée d'escorter un convoi de deux cent cinquante voiles, destiné pour les colonies d'Amérique. Arrivée, le 25 octobre, à la hauteur de Belle-Isle, elle eut connaissance de l'armée anglaise, forte de dix-neuf vaisseaux, aux ordres de l'amiral Hawk.

Le combat qui s'engagea dans cette journée est un des plus glorieux qui se soit livré sur mer. La vigoureuse résistance *du Tonnant,* que montait M. de l'Étanduère, et la belle manœuvre du comte de Vaudreuil, qui commandait *l'Intrépide,* firent une impression si profonde sur l'esprit de notre jeune enseigne, que, parvenu lui-même au faîte de la gloire, il se plaisait à raconter les détails de cette action, et à la citer comme devant tenir une place honorable dans les fastes de la marine.

Le Monarque ayant été obligé d'amener dans cet engagement, Suffren fut fait prisonnier, et conduit en Angleterre. Échangé quelques mois après, il revint à Brest.

La paix d'Aix-la-Chapelle, qui fut signée le 18 octobre 1748, semblait devoir le condamner au repos; mais l'inaction ne convenait point à son caractère. Nous avons dit qu'il était destiné par sa famille à entrer dans l'ordre de Saint-Jean-de-Jérusalem : il profita de cette circonstance pour se rendre à Malte; et à son arrivée il fut immédiatement admis au nombre des chevaliers. Il employa les années qui s'écoulèrent jusqu'à 1754 à faire les caravanes exigées par les règlemens, et ne revint à Toulon qu'à la fin de cette dernière année.

Les limites de l'Acadie et du Canada, laissées, par le traité d'Aix-la-Chapelle, à la discussion des commissaires nommés par la France et l'Angleterre, furent le prétexte des hostilités commises par les Anglais au mois de novembre 1755. Une escadre de dix-huit vaisseaux ayant été armée à Brest, sous le commandement du comte Dubois de La Mothe, pour protéger le Canada, le chevalier de Suffren, qui ne voulait laisser échapper aucune occasion de se signaler, sollicita et obtint l'ordre d'en faire partie. Il fut embarqué sur *le Dauphin-Royal*. Ce vaisseau ayant été séparé de l'escadre, fut rencontré et attaqué par l'armée anglaise; mais, profitant de la supériorité de sa marche, il se réfugia dans le port de Louisbourg, et parvint ensuite à effectuer son retour à Brest.

La conduite hostile de l'Angleterre ayant enfin fait décider la guerre, quatre-vingt mille hommes des meilleures troupes furent distribuées sur les côtes de l'Océan et de la Méditerranée. On ordonna en même temps l'armement de trois escadres, l'une pour porter des troupes en Amérique; l'autre se tint mouillée dans la rade de Brest, prête à partir au premier signal, et la troisième dans le port de Toulon, destinée à protéger le siége de Mahon, projeté depuis le commencement des hostilités. Cette dernière escadre, dont le commandement fut donné au marquis de la Galissonnière, était forte de douze vaisseaux et de cinq frégates. Douze mille hommes, sous les ordres du maréchal de Richelieu, étaient répartis sur environ cent cinquante bâtimens de transport. Le chevalier de Suffren, qui venait d'être fait lieutenant de vaisseau, était embarqué sur *l'Orphée*.

Cette escadre, partie de Brest le 10

avril 1756, parut devant Minorque le 19, et mouilla le lendemain devant Ciuta-della. La ville se rendit à la première sommation ; mais il fallut faire le siége du fort Saint-Philippe, où s'était retirée la garnison anglaise.

M. de la Galissonnière, pour empê-cher cette place d'être secourue, avait établi sa croisière entre Majorque et Mi-norque, lorsque, le 17 mai, il eut con-naissance de l'escadre de l'amiral Bing, forte de treize vaisseaux, dont un à trois ponts. Le combat qui s'engagea fut tout à l'avantage des Français. Peu de jours après le fort Saint-Philippe se ren-dit au maréchal de Richelieu ; et cette victoire fut suivie de la prise du Port-Mahon.

En 1759, le chevalier de Suffren reçut l'ordre de passer sur *l'Océan*, qui faisait partie d'une escadre de sept vaisseaux, commandée par M. de Laclue. Sortie de Toulon pour se rendre dans l'Inde, cette escadre, se trouvant, le 17 août, à la hauteur du port de Lagos, fut rencontrée par une armée anglaise de quatorze vaisseaux. L'infériorité des forces qu'il commandait ne permettant pas à M. de Laclue de se mesurer avec cette armée, il prit le parti de se réfugier dans ce port, qui appartenait aux Portugais. Tout devait le porter à croire qu'il y serait en sûreté, puisque cette puissance était neutre; mais les Anglais, sans respect pour le pavillon portugais, vinrent attaquer l'escadre jusque sous les forts. Trois vaisseaux furent pris, deux se brûlèrent à la côte, et deux seulement parvinrent à se sauver. *L'Océan*, que montait M. de Laclue, fut au nombre des premiers; de sorte que le chevalier de Suffren fut fait une seconde fois prisonnier de guerre. Nous le verrons plus tard prendre, en pareille circonstance, sa revanche sur les Anglais.

Toutefois sa captivité ne fut pas de

longue durée; et il revint à Toulon au mois d'octobre suivant.

La paix, qui eut lieu au commencement de l'année 1763, faisait craindre au chevalier de Suffren une longue inactivité : mais ses qualités avaient été appréciées, et l'année suivante on lui donna le commandement du chebec *le Caméléon*, avec la mission de protéger le commerce dans la Méditerranée.

Quelque temps après il passa à celui *du Singe*, dans l'escadre de M. Duchaffaut, destinée à agir contre les Saletins, et il fut témoin du désastre de cette expédition devant Larrache.

Promu au grade de capitaine de frégate en 1767, il se rendit à Brest. On y réunissait une escadre sous le commandement de M. de Breugnon, que le roi envoyait en ambassade à Maroc, pour y traiter de la paix. Cet amiral lui confia le commandement de la frégate *l'Union*, sur laquelle il avait arboré son pavillon.

Au retour de cette campagne, le chevalier de Suffren se rendit à Malte, et pendant les quatre années qu'il y resta, il fit, sur les galères de la religion, différentes courses contre les Barbaresques. Ce fut pendant son séjour dans cette île qu'il parvint au grade de commandeur.

Ayant été nommé capitaine de vaisseau au mois de février 1772, il revint à Toulon, où il prit le commandement de *la Mignonne*, et fit successivement, avec cette frégate, deux croisières dans les mers du Levant.

En 1776, M. Duchaffaut, qui allait entreprendre une campagne d'évolutions, appela près de lui M. de Suffren, et lui donna le commandement de la frégate *l'Alcmène*.

Au désarmement de cette escadre, il passa sur *le Fantasque*, et fit une nouvelle campagne d'évolutions sous les ordres du comte de Barras.

Vers le commencement de l'année

1778, la France ayant résolu de favoriser l'indépendance américaine, le comte d'Estaing appareilla de Toulon, le 13 avril, ayant sous ses ordres une armée de douze vaisseaux de ligne. Le commandeur de Suffren en faisait partie sur *le Fantasque*. Les vents contraires firent éprouver des retards à l'armée française : L'amiral Howe, qui était dans la Delaware avec une armée beaucoup plus faible, instruit du but de cette expédition, eut le temps de rembarquer ses troupes et de se réfugier à New-York ; en sorte que, lorsque le comte d'Estaing arriva à l'embouchure de cette rivière, il y avait huit jours que l'amiral anglais en était parti. Désappointé par ce contre-temps, il chercha alors à reprendre quelques-unes des positions dont l'ennemi s'était emparé, et se présenta successivement devant l'île Rhode et Sandy-Hook ; mais trouvant les Anglais en forces supérieures sur tous ces points, il ramena son escadre à Boston, pour réparer diverses avaries qu'elle avait éprouvées. Pendant cette relâche, le comte d'Estaing, ayant appris que cinq frégates anglaises étaient dans la rade de Newport, chargea M. de Suffren d'aller les y attaquer avec son vaisseau et trois frégates qu'il lui adjoignit. Le commandeur se présenta devant cette rade; elle était défendue par un fort assez considérable. Il y pénétra sous toutes voiles, et fut s'embosser le plus près possible des cinq frégates qui y étaient mouillées. Celles-ci ne l'attendirent point : après avoir tiré quelques coups de canon, elles furent s'échouer à la côte et s'y brûlèrent. M. de Suffren, satisfait du succès de son expédition, rejoignit le comte d'Estaing, qui lui avait donné rendez-vous à la Martinique. Pendant ce temps, une division de l'armée, sous les ordres du chevalier Durumain, s'empara de l'île Saint-Vincent. Cette conquête ne tarda pas à être suivie d'une beaucoup plus importante.

Le comte d'Estaing, après avoir réuni à son armée l'escadre du chevalier de la Mothe-Piquet, appareilla du Fort-Royal de la Martinique avec vingt-cinq vaisseaux, et parut, le 2 juillet 1779, en vue de la Grenade. Il mouilla le soir devant l'anse Molenier, et mit de suite à terre treize cents hommes qui occupèrent les hauteurs voisines.

La journée du 3 fut employée à examiner les positions de l'ennemi, et à concerter le plan d'attaque. Le comte d'Estaing, à la tête des grenadiers, fit une marche très-longue pour tourner le morne de l'Hôpital, où les Anglais avaient établi une forte redoute et réuni leurs richesses. Après cette reconnaissance, il commence l'attaque, dans la nuit du 3 au 4, saute un des premiers dans les retranchemens anglais, se porte avec rapidité au sommet du morne, et s'en empare de vive force. Il y trouva quatre canons de 24, qu'il fit tourner contre le fort, dans lequel s'était retiré le gouverneur. Menacé d'être foudroyé par une artillerie qui le dominait, le lord Macartney fut obligé de se rendre à discrétion après deux heures d'attaque.

A peine le pavillon français était-il arboré sur les forts de la Grenade, que l'amiral Byron se présenta devant cette île avec une armée de vingt-un vaisseaux, et un convoi portant des troupes de débarquement destinées à la secourir. Le comte d'Estaing, quoique contrarié par les vents, appareilla immédiatement.

Le 6 au matin, l'armée anglaise, qui avait l'avantage du vent, commença le combat dans le plus bel ordre de bataille. Il n'y eut d'abord que quinze vaisseaux français qui purent prendre part au combat, les courans ayant fait tomber les autres sous le vent de la ligne; mais l'amiral étant parvenu à les rallier, l'action s'engagea entre les deux armées avec la plus grande vivacité, et dura jusqu'à midi. L'amiral Byron, voyant l'impossibilité de reprendre l'île qu'il était venu secourir, et calculant les dommages qu'avait éprouvés son escadre, dont huit vaisseaux étaient entièrement désemparés, prit le parti de la retraite. Il la fit sans être inquiété par les Français, qu'une poursuite peut-être inutile aurait pu faire tomber sous le vent de la Grenade. Dans cette affaire, le vaisseau de M. de Suffren, qui était à l'avant-garde, sous les ordres du comte de Breugnon, eut soixante hommes mis hors de combat.

Après cette conquête, le comte d'Estaing alla croiser avec son armée sur les côtes du continent de l'Amérique. Le 2 septembre, il essuya un coup de vent violent qui causa des avaries majeures à plusieurs de ses vaisseaux. Les réparations dont ils avaient un pressant besoin exigeaient un temps considérable, et cette circonstance décida le comte d'Estaing à entreprendre le siége de Savannah, capìtale de la Géorgie. Il proposa au général Lincoln de réunir les troupes qu'il avait à bord aux deux mille Américains qu'il commandait, se réservant de diriger, de son côté, toutes les opérations maritimes que nécessiterait ce siége. Cette convention ayant été arrêtée, l'amiral détacha de son armée trois vaisseaux et deux frégates qu'il mit sous les ordres du commandeur de Suffren, et qu'il envoya mouiller à l'embouchure de Savannah, afin de bloquer tous les bâtimens anglais qui se trouvaient dans la rivière [1].

Le comte d'Estaing, instruit du petit nombre de troupes qui se trouvaient alors dans Savannah, avait pensé que la prise de cette place ne serait qu'un coup de main, puisqu'au moyen de la réunion des troupes françaises et américaines les assiégeans se trouvaient au nombre d'envi-

[1] Voir les instructions données par le comte d'Estaing, *Pièces justificatives*, n° 1.

ron cinq mille six cents hommes. Il fit donc effectuer le débarquement et recommanda au général Lincoln de sommer immédiatement le gouverneur de se rendre.

Le général anglais Prevost, pris à l'improviste, répondit à cette sommation en demandant un armistice que le général américain eut l'imprudence de lui accorder; il en profita pour introduire dans la place environ deux mille hommes de troupes, et refusa aussitôt d'écouter aucune proposition, témoignant au contraire la résolution de se défendre jusqu'à la dernière extrémité.

Cependant l'armée navale, mouillée à l'embouchure de la rivière, essuyait de temps en temps des coups de vent; sa position, dans une saison aussi avancée, devenait chaque jour plus dangereuse. Les vivres diminuaient, et il ne lui était guère possible de s'en procurer dans un pays presque entièrement occupé par les An-

glais. Dans l'alternative de lever immédiatement le siége ou de tenter de se
rendre maître de Savannah par un as-
saut, le comte d'Estaing préféra ce dernier parti, et il voulut diriger lui-même
la principale attaque. Elle fut très-vigou-
reuse, mais la résistance fut encore plus
opiniâtre. Les Américains, sous les ordres
du général Lincoln, ne cédèrent point
en bravoure aux Français, et ils plantè-
rent deux de leurs drapeaux sur les retranchemens des Anglais. Toutefois le
feu de l'artillerie des assiégés, qui pre-
nait les assaillans dans presque toutes les
directions, fut si vif, qu'il fallut renoncer
à cette entreprise. Les Français perdirent
en cette circonstance environ sept cents
hommes, quinze officiers furent tués, et
quarante-cinq blessés; le comte d'Estaing
fut du nombre des derniers. Peut-être
pourrait-on attribuer l'insuccès de cette
expédition à la perfidie ou à l'ignorance
des guides américains qui dirigèrent le

principal corps de l'armée à travers un marais fangeux, où les troupes ne pouvaient avancer qu'ayant de l'eau et de la boue jusqu'à la ceinture. Dans cette position elles furent mitraillées par les assiégés, et la quantité de monde qu'on perdait inutilement força le général à donner l'ordre de la retraite.

A cette attaque, comme lors du siége de la Grenade, le comte d'Estaing employa plusieurs officiers et élèves de la marine qui rivalisèrent de zèle et d'ardeur avec les officiers de l'armée de terre, et dont un bon nombre périrent ou furent grièvement blessés après avoir pénétré dans les retrânchemens anglais. Le siége de Savannah ayant été levé par suite de cet échec, l'amiral français se rembarqua, et rentra à Brest au mois de novembre 1779.

La guerre contre les Anglais se poursuivait avec vigueur. Le comte de Guichen, dans trois combats successifs contre l'amiral Rodney, soutenait avec honneur la gloire de la marine française, et plus tard le beau combat de la frégate *la Belle-Poule*, contre un vaisseau de 74, prouva aux Anglais que, même à forces inférieures, nous pouvions lutter contre eux. Au mois d'avril 1780, M. de Suffren prit le commandement du vaisseau *le Zélé*, et fit, de concert avec *le Marseillais*, une campagne après laquelle ils furent joindre l'armée combinée de France et d'Espagne, aux ordres de l'amiral don Louis de Cordova. Cette armée étant sortie de Cadix, et se trouvant, le 9 août, à la hauteur du cap Saint-Vincent, tomba au milieu d'un convoi anglais d'environ soixante-quatre bâtimens destinés pour l'Inde, et escortés par un vaisseau et deux frégates. Deux seulement parvinrent à s'échapper, le reste fut pris. L'escadre légère, que commandait M. de Suffren, se mit à la poursuite des trois bâtimens de guerre, mais la supériorité

de leur marche l'empêcha de les atteindre.

A cette époque l'usage de doubler en
cuivre les bâtimens de guerre n'était point
encore introduit en France, tandis qu'une
grande quantité de vaisseaux anglais l'é-
taient déjà. M. de Suffren, dont toutes
les vues tendaient au plus grand avantage
de notre marine, adressait, à cette occasion, la lettre suivante au ministre[1].

« MONSEIGNEUR,

« Ayant vu échapper *le Ramillies*, je
puis d'autant moins ressentir de la joie
de la prise du convoi, que j'avais manœu-
vré de façon à être à portée de l'attaquer
le premier, si la supériorité de sa marche
ne l'eût dérobé à ma poursuite. L'espoir

[1] Voir le *fac simile* de cette lettre écrite de la main
de M. de Suffren, aux *Pièces justificatives*, n° 2.

de le joindre, qui n'était fondé que sur le désir, a été dissipé par la vitesse évidente avec laquelle il s'éloignait. J'ai peut-être à me reprocher d'avoir laissé évader quelques bâtimens marchands pour avoir chassé trop long-temps, j'en ai cependant fait amener dix ou douze et amariné quatre.

« L'évasion du vaisseau et de ses deux frégates m'engage à vous adresser un mémoire [1] sur la nécessité de doubler en cuivre, et sur les moyens d'accélérer une opération qui procurera à l'état les plus grands avantages et illustrera votre ministère. Ne croyez pas, Monseigneur, que je cherche à me faire valoir en vous adressant des mémoires, je ne suis déterminé que par l'amour du bien de la chose et de notre gloire ; un militaire doit se distinguer par des faits, point par des écritures.

« Mon vaisseau est dans le meilleur état ;

[1] *Pièces justificatives*, n° 3.

depuis trois mois que je suis parti, je n'ai perdu qu'un soldat de marine, qui est tombé sur une vergue et qui s'est tué. Si Messieurs les majors avaient mis autant de chaleur à les exercer au métier de matelots qu'à demander à les embarquer pour tels, cet accident ne serait peut-être pas arrivé.

« Je crois que la prise de ce convoi vous fera assez de plaisir pour vous en faire mon compliment ; oserai-je vous faire observer qu'il y a plusieurs bâtimens chargés de vivres que le roi pourrait acheter à bon marché, et expédier de Cadix pour les îles, il y en avait pour l'escadre, et pour les troupes de Sainte-Lucie, je crois qu'ils étaient douze ; il doit y en avoir au moins neuf ou dix de pris. Un des bâtimens que j'ai amariné portait deux mille sept cents barils de poudre, et une infinité de munitions pour l'artillerie.

« Je ne saurais finir sans vous réitérer

combien l'objet de doubler en cuivre est important.

« Je suis avec respect,

« MONSEIGNEUR,

« Votre très-humble et obéissant serviteur,

« le chevalier DE SUFFREN.

« A bord *du Zélé*, le 17 ; vingt lieues à l'ouest du cap Saint-Vincent.

« Il y a une partie du mémoire que je n'ai point voulu confier à un secrétaire. »

Après une campagne d'environ dix mois, l'armée combinée rentra à Brest et y désarma au mois de février 1781.

Jusqu'ici la vie de M. de Suffren a sans doute été assez active et assez remplie, mais les circonstances vont lui procurer l'occasion de déployer ses talens et sa bravoure sur un plus vaste théâtre, et nous l'allons voir prendre sa place parmi les plus grands généraux de l'époque.

Dès le commencement de l'année 1778, les Anglais avaient déjà tenté diverses entreprises sur les établissemens français et hollandais dans l'Inde. La guerre active qu'ils soutenaient contre les divers princes indiens était mêlée de succès et de revers, mais leur marine suivait un but constant, celui d'anéantir, dans ces parages, les deux seules puissances qui pussent lutter contre eux. Les hostilités contre la Hollande ayant été déclarées en 1781, les Anglais s'emparèrent de Négapatam et de plusieurs comptoirs sur la côte occidentale de Sumatra. Cette puissance se trouvant, en raison de l'infériorité de sa marine, hors d'état de protéger ces colonies qui lui avaient coûté tant d'efforts, de patience et de courage, proposa au gouvernement français de se lier avec lui par un traité.

A peine était-il conclu que le cabinet

de Versailles fut informé du projet formé à Londres d'envahir le cap de Bonne-Espérance. Son exécution était remise au commodore Johnston.

La prise de cette riche colonie, si elle avait lieu, entraînait nécessairement la perte de Batavia, de Ceylan, ainsi que celle des autres possessions hollandaises au Bengale et à la côte de Coromandel.

Dans cette perplexité, les états généraux chargèrent la France, non-seulement de protéger le cap de Bonne-Espérance, mais ils lui remirent en quelque sorte cette colonie, en lui permettant d'y envoyer, pour sa défense, une garnison toute composée de troupes françaises, qu'ils prirent à leur solde.

Le ministère fit choix du commandeur de Suffren pour l'opposer au commodore Johnston. On mit sous ses ordres cinq vaisseaux [1] et deux frégates, et le roi l'au-

---

[1] *Le Héros*, de 74 ; M. de Suffren, commandant.
L'Annibal, *id.* M. de Trémigon, *id.*

torisa à porter le pavillon de chef d'escadre dans les mers au delà du cap de Bonne-Espérance.

Il sortit de Brest, le 22 mars 1781, avec l'armée navale aux ordres du comte de Grasse, dont il se sépara à la hauteur de Madère.

Le vaisseau *l'Artésien,* qui faisait partie de l'escadre de M. de Suffren, devait, dans le principe, faire la campagne d'Amérique avec M. de Grasse; mais, au moment du départ, sa destination ayant été changée, le capitaine, qui avait calculé sa provision d'eau pour une courte traversée, craignant d'en manquer pendant sa nouvelle campagne, demanda la permission d'en faire en passant à Saint-Yago. L'amiral y consentit; mais ne voulant pas laisser ce vaisseau seul, il se décida à y conduire son escadre.

L'Artésien , de 64 ; M. de Cardaillac, commandant.
Le Sphinx ,   *id.* ; M. Duchilleau,   *id.*
Le Vengeur ,   *id.* ; M. de Forbin.,   *id.*

L'Artésien avait en conséquence reçu l'ordre de précéder l'escadre de quelques lieues, mais en même temps on lui avait prescrit de revirer de bord s'il apercevait des voiles ennemies dans la baie de la Praya. L'événement justifia la prévoyance du général.

Combat de la Praya, 16 avril 1781.

En effet, le 16 avril, *l'Artésien*, en approchant du mouillage, reconnaît cinq vaisseaux anglais qui y étaient à l'ancre. Aussitôt il revire de bord sur son escadre, en signalant l'ennemi.

D'après le nombre de voiles indiqué, M. de Suffren, ne doutant pas que ce ne fût l'escadre du commodore Johnston, qu'il savait être sortie de Portsmouth quelque temps avant lui, forma de suite la résolution de l'attaquer, sans respect pour la neutralité du pavillon portugais qui flottait sur l'île. On se souvient d'ailleurs qu'il avait à prendre sa revanche de l'affaire de Lagos; l'occasion ne pouvait être plus belle, et l'on va voir comment il en profita. Le commandeur, après avoir fait signal à ses frégates et au convoi qu'il escortait, de continuer leur route en tenant le vent, donna à son escadre l'ordre de se préparer au combat, de former la ligne sans égard à l'ordre de bataille, de forcer de voiles, et enfin, de se préparer à mouiller. Tous ces signaux se multipliaient et se succédaient trop lentement au gré de sa bouillante ardeur. Lui-même, se couvrant de voiles à l'instant, et sans faire attention s'il était suivi des vaisseaux de son escadre, pénètre avec audace dans la baie, et, arrivé près du vaisseau commandant, laisse tomber l'ancre par son travers, à portée de pistolet, en faisant un feu terrible. *L'Annibal,* qui suivait immédiatement *le Héros,* vint mouiller en avant de lui. Dans cette position, recevant beaucoup plus de bordées qu'il n'en pouvait rendre, il éprouva en peu de temps les plus grands dommages dans sa mâture et dans ses agrès. *L'Artésien* manœuvrait pour venir prendre poste auprès *du Héros;* mais son capitaine ayant été tué dans cet instant, et ce vaisseau ayant été abordé par un bâtiment de la compagnie anglaise des Indes, il dériva au large. *Le Vengeur* et *le Sphinx,* après avoir tiré quelques bordées sur les vaisseaux ennemis qui se trouvaient par leur travers, se virent entraîner sous le-vent par la force des courans, et furent obligés de laisser porter au large.

Telle fut l'entrée, la disposition et l'attaque de nos cinq vaisseaux. *Le Héros* et *l'Annibal* se trouvaient donc mouillés au milieu de l'escadre ennemie, les trois autres vaisseaux étant trop éloignés pour pouvoir les seconder. Leur position devenait de plus en plus dangereuse; forcés de la quitter pour ne pas succomber sous le feu qui les accablait, ils coupèrent leurs câbles, et après une heure et demie du combat le plus vif et le plus meurtrier ils portèrent au large. Cette retraite ne pouvait avoir lieu plus à propos, car à peine *l'Annibal* était-il hors de la portée du canon des Anglais qu'il démâta de tous ses mâts, à l'exception de son beaupré. *Le Sphinx* vint le tirer du danger en le prenant à la remorque.

Le Héros n'était pas, comme on peut le présumer, dans un meilleur état; sa mâture était debout, mais criblée de boulets et presque en équilibre, tous les étais et presque tous les haubans étant coupés.

M. de Suffren, voyant l'impossibilité de détruire un ennemi dont il avait juré la perte, abandonna enfin cette baie, mais avec autant de fierté qu'il y était entré, et prenant congé de l'escadre ennemie en la saluant à grands coups de canon.

L'amiral Johnston, car effectivement c'était lui, après avoir réparé ses avaries les plus majeures, appareilla avec son escadre, dans l'intention d'inquiéter les Français, et peut-être de s'emparer de *l'Annibal* qu'il voyait démâté. Dès que le commandeur le vit sous voiles : *Allons*, s'écria-t-il, *point de manœuvres honteuses*, et aussitôt il fait le signal de former la ligne de combat. Cette contenance eut tout l'effet qu'on en devait attendre ; l'escadre ennemie, qui avait le vent, s'approcha jusqu'à une portée et demie de canon ; mais voyant la nôtre l'attendre en travers, elle ne jugea pas à propos de recommencer le combat, et elle mit au plus près pour rentrer dans la baie. M. de Suffren resta néanmoins toute la nuit dans la même position, tenant ses feux allumés pour provoquer l'ennemi à le suivre ; mais au jour il avait disparu.

Il dirigea alors sa route vers le cap de Bonne-Espérance, emmenant *l'Annibal* à la remorque, et il y fut rejoint quelques jours après par son convoi. Son arrivée avant l'escadre anglaise préserva cette colonie du danger qui la menaçait, et l'expédition de l'amiral Johnston n'eut d'autre résultat que la prise de cinq bâtimens hollandais dans la baie de Saldanha. Le commandeur, après avoir débarqué les troupes qui devaient rester au cap de Bonne-Espérance, et pourvu aux divers besoins de ses vaisseaux, appareilla pour l'Ile de France, où il arriva dans les premiers jours de novembre, et fit sa jonction avec l'escadre aux ordres du comte d'Orves.

M. de Suffren avait été précédé dans cette colonie par sa réputation, et on l'y attendait pour arrêter définitivement le plan de la campagne qu'on allait entreprendre. Sa division, à la suite du combat qu'elle venait de soutenir, avait des besoins de toute espèce, et plusieurs bâtimens devaient recevoir des réparations majeures. Le temps était précieux, mais sa présence semblait avoir tout ranimé. Il communiquait son ardeur et son activité à tout ce qui l'approchait : administrateurs, chefs, marins et soldats, tous étaient animés du plus beau zèle ; la nécessité développait les ressources, et l'on vit, non sans étonnement, une escadre aussi considérable, et un convoi aussi nombreux, prêts à prendre la mer en un espace de temps aussi court.

Le 7 décembre 1783, l'escadre mit à la voile, sous les ordres du comte d'Orves, pour se rendre à la côte de Coromandel.

Elle était composée des bâtimens ci-après, savoir :

L'Orient, vaisseau de 74 canons.
Le Héros,   *id.*
L'Annibal,   *id.*
Le Sphinx,   64
Le Vengeur,   *id.*
Le Sévère,   *id.*
Le Bizarre,   *id.*
L'Artésien,   *id.*
L'Ajax,   *id.*
Le Brillant,   *id.*

Le Flamand, de .... 6o canons.
La Pourvoyeuse, ... frégate.
La Bellone, ... *id.*
La Fine, ... *id.*
La Sylphide, ... corvette.
La Subtile, ... *id.*
La Diligente, ... *id.*

L'armée de terre était répartie sur huit bâtimens de transport, qui portaient en outre l'artillerie et les munitions de guerre. Elle se composait du régiment d'Austrasie, d'un bataillon de celui de l'Ile de France, des volontaires étrangers de Lauzun, des volontaires de Bourbon, et d'un détachement du corps d'artillerie. M. Duchemin, brigadier colonel des volontaires étrangers, commandait cette armée.

Prise du vaisseau anglais l'Annibal.

Le 19 janvier 1782, on eut connaissance d'une voile qui fut chassée infructueusement par *le Héros* et *l'Artésien*;

le général fit signal aux chasseurs de rallier à la nuit, mais la faiblesse du vent
ne leur permit de rejoindre l'escadre que
le lendemain matin; le bâtiment avait
été reconnu pour vaisseau de guerre.

Le 20 et le 21, des vents variables et
un temps orageux ayant forcé l'escadre à
courir diverses bordées, le vaisseau qui
avait été chassé deux jours auparavant
se retrouva en vue, le 22 au point du
jour. *Le Héros, le Vengeur* et *l'Artésien,*
se mirent à sa poursuite; mais *le Héros,*
qui se trouvait en tête des chasseurs,
éprouva un grain, qui, ne s'étant pas fait
sentir aux deux autres vaisseaux, le rap-
procha beaucoup du bâtiment anglais. Celui-ci, qui avait fait toutes les manœuvres
possibles pour échapper, se voyant sur le
point d'être joint, laissa arriver, et envoya au *Héros* deux volées qui, tirées de
trop loin, ne portèrent point. M. de Suffren alors fit carguer la grande voile, et
se trouvant bientôt à demi-portée de ca-

non, commença vigoureusement le combat. Pendant ce temps, *le Vengeur et l'Artésien* forçaient de voiles pour venir le soutenir ; mais avant leur arrivée le vaisseau anglais avait amené pour *le Héros*.

C'était l'*Annibal*, de cinquante canons. Il était expédié de Sainte-Hélène à l'amiral Hughes, pour lui annoncer l'arrivée de deux autres vaisseaux et de plusieurs bâtimens de la Compagnie, chargés de munitions pour son escadre, et de huit cents hommes de troupes.

Un début aussi heureux répandit la joie dans toute l'armée, mais il n'était que le prélude de succès plus éclatans.

L'amiral d'Orves était, depuis quelque temps déjà, attaqué d'une maladie grave, et ce n'était que par un excès de zèle qu'il avait entrepris cette campagne. Le 3 février, sentant sa fin approcher, il remit son commandement à M de Suffren, et le 9 il avait cessé d'exister

Avant que l'escadre partît de l'Ile de

France, il avait été décidé en conseil que Madras serait le point d'atterrage. Le projet du commandeur était de manœuvrer de manière à y arriver au point du jour, et de surprendre les Anglais au mouillage par une attaque imprévue. Les capitaines avaient reçu des instructions en conséquence, mais les divers mouillages que les calmes et les vents contraires obligèrent l'escadre de prendre à la vue de terre, firent manquer ce projet.

Le 14, *la Fine*, qui chassait en avant, eut connaissance de la rade de Madras, et signala neuf vaisseaux. L'escadre mouilla le soir à deux lieues environ dans le nord-est. Le lendemain, au point du jour, le commandeur fit signal de lever l'ancre et de former la ligne de bataille dans l'ordre naturel. En se rapprochant de la rade il reconnut l'escadre ennemie. L'amiral Hughes, averti de l'approche des Français avant de les avoir aperçus, était allé mouiller sous le feu des forts de la place, et avait ainsi rendu sa position inexpugnable. M. de Suffren, ne jugeant pas convenable de l'y attaquer, continua sa route pour Pondichéri; mais à peine avait-il dépassé Madras, qu'il vit les Anglais mettre sous voiles. Il fit alors le signal de prendre les mêmes amures que les vaisseaux ennemis, et de faire la même route. Il ordonna, en même temps, à son convoi de forcer de voiles, en passant sous le vent à eux. Enfin il fit le signal général de ne se servir pendant la nuit que de signaux sans coups de canon ni fusées. Toutes ces précautions devinrent inutiles. En appareillant, l'amiral Hughes n'avait point l'intention d'attaquer l'escadre française; son but était d'aller couvrir Trinquemalé. [1] Conjecturant à la voilure de cette escadre qu'elle ne changerait pas de route,

[1] On a suivi l'orthographe employée par Danville, pour les noms des villes et ports de l'Inde cités dans cet ouvrage.

il laissa arriver au Sud pendant la nuit, sous petites voiles, et se glissa, pour ainsi dire, entre la côte et elle. Le lendemain, se trouvant à distance presque égale des Français et de leur convoi, qui s'était séparé d'eux pendant l'obscurité, il lui fit donner une chasse générale, et parvint à en prendre plusieurs. [1]

M. de Suffren, que la manœuvre de l'amiral Hughes avait trompé, ne l'apercevant point, au jour, crut que son appareillage de la veille n'était qu'une feinte, qu'une manœuvre de circonstance, et qu'il était en ce moment mouillé en rade de Madras. A la vérité il ne voyait point son convoi, mais il était persuadé, d'après

[1] Les bâtimens pris furent le *Lawriston*, qui avait à bord environ trois cents hommes de troupes, plus de deux cents milliers de poudre, et une grande quantité de munitions et d'artillerie de siége, et *le Toscan*, vaisseau servant d'hôpital, qui était chargé de tout l'approvisionnement fait en médicamens. La flûte *Les Bons Amis*, attaquée par un vaisseau de 5o, fut vaillamment défendue par les volontaires de Bourbon, qui se trouvaient à bord, et sauvée par le feu de leur mousqueterie.

l'ordre qui lui avait été donné la veille de forcer de voiles, qu'il était en avant de lui, et cette persuasion était telle, que *la Fine* lui ayant signalé dix voiles, il se borna à lui ordonner de chasser, et à faire signal de ralliement à la flotte.

Ce ne fut que sur des signaux répétés, et appuyés de coups de canon, qu'il pensa que ce pouvait être l'escadre anglaise, et qu'elle lui enlevait son convoi. *La Fine*, qui passa à poupe peu d'instans après, lui en donna la conviction par son rapport.

Aussitôt il se couvre de voiles, et avec ses meilleurs marcheurs il vole à son secours, en faisant le signal à ses autres vaisseaux d'imiter sa manœuvre. Il était temps; encore quelques heures, et la plus grande partie du convoi était perdue.

L'amiral anglais se voyant poursuivi, rappela ses vaisseaux chasseurs, et se mit en devoir de former sa ligne de bataille. La nuit se passa en observation de part et d'autre.

Combat de Sadras, 17 *février* 1782.

Le 17, au matin, on vit l'escadre anglaise en ligne à deux lieues sous le vent, les vaisseaux fort écartés les uns des autres. Les Français arrivèrent de front sur eux ; la ligne ennemie était ainsi formée :

Le Montmouth, de	64 canons.
Le Bedfort,	*id.*
L'Eagle,	*id.*
Le Worchester,	*id.*
Le Superbe,	74, monté par l'amiral Hughes.
Le Héros,	*id.*
L'Isis,	50
Le Monarch,	70
L'Excester,	64

Le *Héros*, que la supériorité de sa marche avait placé en tête, après avoir tenu le vent et tiré sa bordée, força de voiles, et prolongea la ligne anglaise jusqu'au *Superbe ;* les quatre vaisseaux qui le précédaient étant trop en avant pour pouvoir prendre part au combat. Les vaisseaux *l'Orient, le Vengeur, le Sphinx, l'Annibal anglais* [1], *le Bizarre* et *l'Annibal*, suivaient *le Héros*, et combattaient de plus ou moins loin, parce que l'arrière-garde anglaise ne discontinuait pas d'arriver.

Le Brillant et *le Flamand* s'attachèrent à *l'Excester*, et lui causèrent de grands dommages. Son feu était même entièrement éteint, et il allait peut-être amener, lorsque M. de Suffren, contrarié dans ses projets par la brume, la pluie et le temps orageux, fit signal de cesser le combat, et se retira du feu en tenant le vent.

Nous avons cité les vaisseaux qui prirent part à cette action, et l'on peut voir, en récapitulant, que *l'Artésien, l'An-*

[1] Le surnom d'*Annibal anglais* avait été donné à ce vaisseau pris sur l'ennemi, pour le distinguer de l'autre *Annibal* qui faisait partie de l'escadre.

nibal et *l'Ajax*, n'y participèrent point, et qu'ils furent spectateurs, sinon oisifs, du moins inutiles, du combat. Il est à présumer que si ces vaisseaux, au lieu de s'obstiner à se tenir dans les eaux les uns des autres, eussent exécuté le signal que leur fit l'amiral, pendant tout le temps de l'action, d'approcher l'ennemi à portée de pistolet, il est à présumer, disons-nous, que, malgré la brillante résistance de l'amiral Hughes, c'en était fait de son escadre ; elle eût été détruite, ou au moins hors d'état de reparaître de long-temps sur le champ de bataille.

Les différentes routes auxquelles la poursuite des Anglais avait assujéti l'escadre, rendirent l'amiral incertain sur sa position. Il reconnut, le lendemain, à la vue de terre, que le combat avait eu lieu par le travers de Sadras. Il se dirigea alors sur Pondichéri, où il arriva le 19; il mit un moment en panne devant ce port. Là, il apprit que l'escadre anglaise avait été aperçue, la veille au soir, fuyant dans le plus grand désordre, et paraissant se diriger vers Trinquemalé [1].

M. de Suffren, aussitôt qu'il avait paru à la côte de Coromandel, avait secrètement débarqué deux Noirs, pour aller donner avis de son arrivée au Nabab Haïder-Aly. Son projet, en touchant à Pondichéri, était de s'assurer des dispositions de ce souverain, et de concerter avec lui ses opérations. Il y trouva des lettres qui lui firent connaître que cette place, entièrement ouverte, n'étant pas favorable au débarquement des troupes, et ne pouvant offrir aucunes ressources à l'escadre, le Nabab désirait qu'il relâchât de préférence à Porto-Nove : il se détermina donc à s'y rendre, et il y mouilla le 23 février 1782.

A partir de cette époque, les opérations maritimes vont avoir une telle in-

[1] Les Anglais s'étaient emparé de cet établissement, au mois de janvier 1782.

fluence sur la direction de la politique des princes de l'Inde, sur les opérations de leurs armées et même de la nôtre, qu'il est indispensable d'exposer ici la situation des affaires dans ce pays, au moment où M. de Suffren y arriva. Pour cela, nous devons reprendre les choses d'un peu haut.

L'Inde, aussitôt qu'elle fut connue, devint l'objet de la cupidité des nations de l'Europe. Les Portugais, sous la conduite de Vasco de Gama, en avaient trouvé le chemin vers la fin du xve siècle. Les Hollandais ne tardèrent pas à les y suivre. En 1602, les états-généraux jetèrent les fondemens de leur célèbre compagnie des Indes Orientales, et en 1620, elle y possédait déjà quarante comptoirs, et y avait élevé vingt-cinq forteresses. En moins de soixante ans, les Hollandais avaient chassé les Portugais de presque toutes leurs conquêtes, et étaient devenus les souverains de l'Orient.

Ce fut en 1616, sous le roi Chrétien IV, que les Danois conçurent la première idée d'une compagnie des Indes Orientales; et, en 1620, on les voit déjà établis à Trinquebar, sur la côte de Coromandel. Toutefois leurs établissemens dans l'Inde furent toujours très-peu importans, et ils y sont aujourd'hui presque nuls.

Les Anglais vinrent après les Hollandais, et en peu de temps ils furent puissans sur les deux côtes de la presqu'île de l'Inde, et jusque dans le Bengale.

La France arriva tard au partage du commerce dans cette partie du monde. Le grand Henri accorda, en 1604, malgré Sulli, le privilége exclusif du commerce de l'Inde à une compagnie de marchands plus intéressés qu'habiles, et qui ne purent se soutenir.

Le cardinal de Richelieu créa, en 1642, une espèce de compagnie des Indes, qui fut ruinée en peu d'années. Ces tentatives, dit Voltaire [1], semblaient annoncer dès lors que le génie français n'était pas aussi propre à ces entreprises que l'esprit attentif et économe des Hollandais, et que le caractère hardi, entreprenant et opiniâtre des Anglais.

Colbert, dont le génie était principalement tourné vers le commerce, fonda, en 1664 une compagnie des Indes puissante. Louis XIV lui accorda les priviléges les plus étendus, et donna pour son établissement environ quatre millions de son épargne. Les princes, la cour, les financiers, en un mot, toute la nation voulut fournir des fonds à un établissement qui, dès son origine, se vit doté de plus de dix millions de ce temps-là. On conçut d'abord les plus belles espérances de cette entreprise; mais la mort des directeurs qui furent envoyés dans l'Inde, l'infidélité de quelques administrateurs, et les divisions qui survinrent entre tous,

[1] *Siècle de Louis XIV.*

4

furent cause de la ruine de cette compagnie.

Elle sembla renaître de ses cendres en
1719. Le système de Law, qui bouleversa
toutes les fortunes, et qui exposa la France
aux plus grands malheurs, ranima pour-
tant l'esprit du commerce. On releva la
compagnie des Indes avec les débris de
ce système; on y joignit la ferme du tabac.
Elle parut un moment florissante; mais,
pour son malheur, ses mandataires, sous
le nom de *gouverneurs*, devinrent des
généraux d'armée; ils firent la guerre et
la paix, tantôt entre eux, tantôt avec les
souverains de ces contrées. Enfin les
Français n'ont jamais pu affermir leur
autorité dans l'Inde, et l'on sait assez
comment les Anglais y ont établi la leur.

Je ne suivrai point la compagnie française dans ses prospérités; je ne décrirai
pas ses vicissitudes ni ses fautes, qui pro-
duisirent ses revers et sa ruine; je ne rap-
pellerai point les exploits et les malheurs

des Dupleix, des Labourdonnais, et surtout ceux de l'illustre et infortuné Lalli ;
tout cela n'est pas du ressort de cet ouvrage. J'ai dû seulement faire une analyse
succincte des divers établissemens des
Européens dans l'Inde, avant d'arriver
aux événemens qui me restent à décrire.

Pendant que les compagnies rivales
s'acharnaient à leur destruction réciproque, les princes de l'Inde, toujours en
guerre entre eux, se partageaient entre
les Français et les Anglais. Tous ces vice-
rois, nababs, soubabs, se disputaient des
ruines ; et ces princes si fiers, qui dé-
daignaient auparavant d'admettre des
négocians français en leur présence, re-
cevaient d'eux des trônes et des provinces.

On connaît assez les querelles, les perfi-
dies des Tchenda-Saheb, des Nazerzingue,
des Mouzaferzingue : l'histoire est remplie
de leurs intrigues, de leurs combats et de
leurs assassinats ; je n'en parlerai donc

point. Venons à celui de ces princes qui, au moment de l'arrivée de M. de Suffren dans l'Inde, fixait les regards et les espérances des deux nations qui faisaient alors les destins de ces vastes contrées. Haïder-Aly, fils de Felz-Mohamed, surnommé Nédym-Khan, était né en 1719. Sa haute valeur, ses exploits, lui avaient acquis le surnom de *Béhadour,* qui signifie *héros;* et il le justifiait. De tous les souverains de l'Asie, il était le plus puissant. Fondateur de l'empire du Maïssour, et possesseur d'un territoire de vingt-sept mille lieues carrées, ses revenus se montaient à deux krores de roupies [1], ou environ cent cinquante millions de francs; son armée s'élevait à deux cent mille hommes, dont vingt-cinq à trente mille d'excellente cavalerie. A la fin de l'année 1779, M. de Lallée, qui commandait un bataillon

[1] Le krore de roupies forme 250 lacks; le lack contient 100,000 roupies, et la roupie vaut de 2 fr. 50 c. à 3 fr. de notre monnaie.

français, ayant été renvoyé, à la sollici-
tation des Anglais, du service de Bazalet-
Djeng, prince de Bangalore, était venu,
avec plusieurs autres officiers, trouver
Haïder, qui les avait accueillis avec empressement. Cette généreuse hospitalité
avait bientôt attiré auprès de lui beaucoup de déserteurs, en sorte qu'outre les
troupes amenées par M. de Lallée, environ
800 Européens, presque tous échappés à
nos désastres de l'Inde, étaient incorporés
dans l'armée de ce Nabab.

Haïder-Aly avait, depuis long-temps,
conçu le projet de chasser les Anglais de
la Presqu'île, et même de toute l'Inde, et il
avait, dans ce dessein, conclu des traités
d'alliance, tant avec les Mahrattes qu'avec
les princes ses voisins. L'infraction du
traité de 1769, plusieurs traits d'une in-
satiable avidité, et surtout les tristes ré-
sultats du monopole qui, en 1770, avait
coûté la vie à plusieurs millions d'Indiens ;
tels étaient les griefs d'Haïder contre les

Anglais, et les motifs de la haine implacable qu'il leur avait jurée.

Au mois de juillet 1780, il était descendu dans le Carnate avec une armée de trente mille chevaux, quarante mille fantassins, et un nombreux train d'artillerie. Les troupes européennes, sous les ordres de M. de Lallée, faisaient partie de cette armée.

Déjà, dans trois combats successifs livrés à l'armée commandée par le général Hector Munro, et ensuite à celle sous les ordres de sir Eyre Coote, il avait fait éprouver aux Anglais des pertes considérables, et les avait mis dans une position très-critique. Maître d'Arcatte et des places principales du Tanjaour, il tenait en échec, à la côte de Coromandel, toutes leurs forces réunies. D'un autre côté, son fils, Typoù-Saheb, qui commandait l'aile gauche de son armée, avait remporté de très-grands avantages sur eux. Le colonel Bratwaith, à la tête de deux cents Européens et de trois mille Cypayes [1], ayant essayé de se réunir à l'armée de sir Eyre Coote, avait été rencontré par Typoù-Saheb, à quelque distance du Colram, et mis dans une déroute complète. Tout avait été tué ou fait prisonnier, et le colonel lui-même était du nombre des derniers. Telle était la position brillante dans laquelle se trouvait Haïder-Aly lorsqu'il apprit l'arrivée de M. de Suffren à la côte. Cette escadre ne pouvait, en effet, paraître dans des circonstances plus favorables. Supérieurs aux Anglais par mer, beaucoup plus forts qu'eux par terre, en raison de la réunion de notre armée avec celle du Nabab, il n'était pas douteux que la politique de toutes les cours de l'Inde ne dût changer subitement, et que les Anglais, qui dans ce moment négociaient avec les Mahrattes,

---

[1] Soldats indiens, généralement lâches, peu propres au métier de la guerre, et dont on ne peut tirer parti qu'en les amalgamant avec les troupes européennes.

et avec la cour de Dehly, allaient être abandonnés par ces puissances.

Haïder-Aly, qui joignait au génie le plus belliqueux et le plus actif la politique la plus adroite, sentit parfaitement ses avantages, et se promit bien d'en profiter pour l'exécution de ses desseins. Il expédia de son camp, à M. de Suffren, M. Piveron de Morlat, qui résidait auprès de lui en qualité d'envoyé français, et il lui députa en même temps deux de ses principaux officiers, chargés de délivrer à l'une et à l'autre armée tout ce dont elles pourraient avoir besoin.

Le commandeur, prenant dès le premier moment l'initiative, exigea, avant le débarquement des troupes, que le Nabab souscrivît à un traité dont les principales conditions portaient, que l'armée française serait indépendante, qu'on y adjoindrait un corps de quatre mille hommes de cavalerie et un autre de six mille d'infanterie, et qu'il serait annuellement payé à l'armée vingt-quatre lacks de roupies, ou environ sept millions deux cent mille francs, remboursables sur les revenus du territoire que ce prince devait céder aux Français.

Les deux généraux écrivirent, en conséquence, une lettre au Nabab, et ils expédièrent chacun un officier pour aller le complimenter de leur part.

Haïder-Aly ne fit aucune difficulté de consentir à l'indépendance de l'armée française; il promit d'y joindre deux mille hommes de cavalerie et trois mille Cipayes, qui seraient entièrement aux ordres du général Duchemin; et il ajouta que, dans le cas d'une bataille ou d'une expédition quelconque, il lui donnerait autant de cavalerie et d'infanterie qu'il en désirerait. Quant à l'emprunt de vingt-quatre lacks par année, il assura les envoyés qu'il pourvoirait à tous les besoins de l'armée et de l'escadre, sur les demandes de leurs généraux respectifs, et qu'il leur fournirait l'argent nécessaire à la solde, sans néanmoins prendre d'engagemens sur la quotité.

Ces conventions arrêtées et signées par le Nabab, les envoyés prirent congé de lui. A leur arrivée à Porto-Nove, le débarquement des troupes s'effectua, et M. de Suffren, qui était impatient d'aller chercher les Anglais, ayant fait à ses vaisseaux les réparations les plus indispensables, appareilla de la rade de Porto-Nove, le 23 mars 1782. Le 25, l'escadre étant par le travers de Trinquebar, fut ralliée par les bâtimens du convoi qui y avaient relâché lorsque les Anglais les avaient poursuivis. La *Bellone*, qui était restée en croisière dans le Nord depuis l'appareillage de Madras, rallia aussi l'escadre avec une corvette de dix-huit canons dont elle s'était emparée, après un quart d'heure de combat.

Les courans, dont la direction était déterminée par la mousson du sud, alors dans toute sa force, contraignirent l'escadre à des mouillages fréquens. On ne faisait route qu'à l'aide des brises de terre, ou des variétés dans les vents, qui rendaient les bordées plus ou moins avantageuses.

Le 9 avril, au point du jour, *le Sévère* signala dix voiles, et *le Sphinx*, immédiatement après, quatorze. C'était l'escadre anglaise. Le général fait aussitôt former l'ordre de bataille, en mettant les meilleurs marcheurs en tête de la ligne.

La nuit se passa en observation, et en bon ordre, tous les vaisseaux ayant leur fanal de poupe allumé.

Le 10, au jour, l'escadre anglaise fut relevée à environ cinq lieues de distance, dans la même position que la veille, mais un peu plus au vent. On reconnut onze vaisseaux de guerre. Toute cette journée, ainsi que celle du 11, se passa à poursuivre l'ennemi, qui paraissait vouloir éviter un engagement. Le 12 au jour, on aperçut l'escadre anglaise environ à trois lieues. Les grains qui avaient eu lieu dans la nuit, et la variété des vents, l'avaient trompée sur les manœuvres de l'escadre française, et elle s'était laissé gagner le vent.

Combat de Provédien, île de Ceylan,
12 avril 1782.

On découvrait la terre dans l'ouest; la brise était faible de la partie de l'est, et le temps disposé à l'orage faisait craindre à M. de Suffren que l'ennemi ne lui échappât.

A une heure et demie, les deux armées étant en présence, le vaisseau de tête de la ligne anglaise commença le feu sur *le Vengeur.* Conformément au signal qui en avait été fait avant d'engager le combat, *l'Artésien, l'Annibal anglais, le Sphinx, le Héros, l'Orient* et *le Brillant,* serrèrent le centre de l'escadre anglaise à portée de pistolet, et alors commença le feu le plus vif et le plus terrible de part et d'autre. *Le Héros,* que montait M. de Suffren, combattait corps à corps avec l'amiral Hughes, qui était sur *le Superbe.* A deux heures et demie le feu se déclara à bord de ce vaisseau. Le commandeur alors le dépassa, et fut se mettre par le travers du *Montmouth,* qu'il démâta complétement en quelques instans. Ce vaisseau fut obligé de se laisser culer à la queue de sa ligne pour chercher protection; mais, en faisant cette manœuvre, il essuya le feu d'une grande partie des vaisseaux français. Il eût pu même être coupé, si le signal fait à l'escadre de virer lof pour lof, eût été exécuté assez promptement par *l'Artésien* et *le Vengeur.*

A quatre heures et demie, on combattait dans l'ordre renversé. M. de Suffren, dont le vaisseau était tellement désemparé qu'il ne pouvait plus manœuvrer, passa sur *l'Ajax,* qu'il fut obligé d'aller chercher très-loin, ce vaisseau ayant été contraint de pousser sa bordée, en essayant de virer vent devant.

Au soleil couchant, le temps se mit à l'orage. L'obscurité ne permettait plus de combattre que très-faiblement. Le plus grand désordre régnait dans les deux lignes, qui étaient portées à terre sur une côte mal connue. Enfin, à cinq heures et demie, l'amiral français, voyant trois de ses vaisseaux, entièrement dégréés, rester en arrière de l'escadre, fit signal de cesser le combat, et de tenir la bordée du sud, mettant ainsi les Anglais entre la terre et lui.

Ainsi finit le combat de Provédien. L'escadre française perdit environ deux cents hommes, dont sept officiers; deux cent-vingt furent blessés, ainsi que cinq officiers.

La lendemain matin, on vit l'escadre anglaise dans le plus grand désordre. Elle avait passé la nuit, mouillée à deux lieues de la nôtre; les voiles de la plupart des

vaisseaux étaient déferlées, à moitié car-
guées, et leurs vergues en pantenne. Enfin tout prouva à M. de Suffren, que si,
dans ce combat, il n'avait point obtenu
un avantage décisif, au moins le champ
de bataille lui était resté.

L'Ajax, qu'il montait en ce moment,
se trouvant à portée de canon de *l'Isis*, il
témoignait déjà l'envie de faire feu sur ce
vaisseau ; mais on lui fit observer que
cette attaque pourrait engager une affaire
générale que la plupart des bâtimens de
l'escadre étaient hors d'état de soutenir,
et il se borna à faire le signal de mouiller
plus en ordre.

Dans la matinée, il quitta *l'Ajax* pour
retourner à bord de son vaisseau. Il apprit, à son arrivée, qu'un de ses aides-ma-
jors qu'il avait envoyé, à l'issue du combat, porter des ordres à l'un de ses
bâtimens, s'était mépris ; et que, croyant
aborder *le Héros*, il s'était trouvé à bord
d'un vaisseau anglais.

M. de Suffren expédia de suite un canot parlementaire à l'amiral Hughes, (les deux escadres étant encore en présence) pour lui proposer d'échanger cet officier, ainsi que l'équipage du canot qu'il montait. Dès que cet amiral aperçut le pavillon parlementaire, il détacha une embarcation pour empêcher le canot de mettre à bord, et le faire mouiller au large. Cette précaution confirma ce qu'on pouvait présumer déjà, que l'escadre anglaise, et surtout l'amiral, avait beaucoup souffert, et qu'il craignait qu'on ne vît clairement l'état où l'avait mis le combat qu'il venait d'essuyer.

Le commandeur proposait aussi à l'amiral Hughes d'établir avec lui un cartel d'échange pour leurs prisonniers respectifs. Celui-ci s'y refusa, donnant pour prétexte que ses pouvoirs ne s'étendaient pas jusque-là, et que le conseil de Madras pouvait seul faire un pareil traité.

M. de Suffren, pensant bien que cette raison n'était qu'illusoire, et que le principal motif de ce refus était de lui laisser des bouches inutiles, fit répondre à l'amiral Hughes, que, s'il n'acceptait point sa proposition, il se verrait forcé, quoiqu'à regret, de remettre tous les Anglais qu'il avait à bord au pouvoir d'Haïder-Aly, lors de sa première relâche; mais cet amiral réitéra son refus, en ajoutant, « qu'il croyait le général français trop humain, et trop généreux, pour livrer des Européens entre les mains d'un *barbare*. »

Nous verrons cependant M. de Suffren obligé de prendre ce parti; et le gouvernement anglais lui-même, convaincu de la nécessité où se trouvait l'amiral français de se débarrasser des prisonniers dont il était surchargé, fera retomber sur M. Hughes et sur le conseil de Madras, les suites du procédé rigoureux du commandeur.

Le 19, l'escadre française ayant, en partie, réparé ses avaries, mit sous voiles. Les Anglais, qui s'étaient aussi réparés, n'avaient pas cessé d'être en vue, quoiqu'ils eussent pu s'éloigner. Le commandeur fit mettre l'escadre sous divers ordres de bataille, offrant le combat à l'ennemi, et le prolongeant dans ses différens bords; mais voyant, par la manœuvre de l'amiral Hughes, qu'il ne pourrait l'engager à recommencer le combat, il prit le parti de forcer de voiles, et de faire route pour le sud.

Qu'on se figure le spectacle imposant que présentait en ce moment l'escadre française, s'avançant en bel ordre pour offrir le combat à un ennemi déjà deux fois vaincu; et celui-ci, en le refusant quoiqu'avec des forces égales, avouer son infériorité. Le pavillon français qui, depuis long-temps, n'avait paru dans ces mers qu'avec désavantage, y flottait alors avec orgueil et avec dignité.

La plupart des vaisseaux de l'escadre

avaient été très-maltraités dans le combat du 12 : quelques-uns faisaient de l'eau, et presque tous avaient besoin, pour tenir la mer, de réparations qui ne pouvaient être faites que dans un port. Le commandeur se trouvant, le 30 avril, en vue de Batacolo, y fit jeter l'ancre. Ce petit comptoir, qui appartenait aux Hollandais, présentait toutes les facilités désirables : une rivière lui sert de fossé dans les deux tiers de sa circonférence, et un fort inattaquable par mer le rendait un abri sûr pour l'escadre.

Nous laisserons M. de Suffren s'y réparer, pour jeter un coup d'œil sur les opérations de notre armée de terre.

Aussitôt après le départ de l'escadre, le général Duchemin s'était occupé de la conclusion définitive du traité qui, en assurant aux Français un territoire dont ils percevraient eux-mêmes les revenus; fixait, d'une manière certaine, leur établissement. Cette négociation éprouva quel-

ques lenteurs et beaucoup de difficultés;
les Anglais, qui avaient des intelligences
dans le Dorbar [1] d'Haïder-Aly, et jusqu'auprès de sa personne; employaient tous
les moyens possibles pour empêcher ce
prince de traiter avec les Français. En
même temps, le conseil supérieur de Madras lui faisait des propositions de paix;
il offrait de rendre les conquêtes que
les Anglais venaient de faire dans ses domaines particuliers, et même d'abandonner Trichenapaly et tout le Madurée. Les
principaux officiers de son armée, gagnés
par l'or des Anglais, le sollicitaient d'ac-
quiescer à des propositions qu'ils lui re-
présentaient comme très-avantageuses; et
le Nabab incertain allait peut-être se décider en leur faveur, lorsque M. Duchemin,
instruit des intrigues qui se tramaient contre lui, aplanit les difficultés qui s'étaient
élevées pour la conclusion de ce traité, en

[1] Conseil du prince; on donne aussi quelquefois ce
nom à l'endroit où s'assemble ce conseil.

acquiesçant à toutes les demandes du prince, et particulièrement à la proposition qu'il lui avait faite de se réunir à lui pour faire le siége de Goudelour.

Cette conquête était d'autant plus importante pour Haïder-Aly, que, si on parvenait à s'emparer de cette place, les Anglais n'ayant plus alors de troupes dans le sud, se verraient privés de toute communication avec Trichenapaly.

Le traité définitif fut enfin signé le 3o mars. M. Duchemin se mit en marche, le 1er avril, et s'étant réuni le même jour à l'armée commandée par Tipoù-Saheb, ils se présentèrent devant Goudelour.

Le commandant de cette place, qui ne s'attendait point à une attaque aussi prompte ni aussi vive, se rendit, après un siége de deux jours. Le 4 avril, le pavillon français fut arboré sur les remparts de Goudelour; la garnison fut faite prisonnière : les troupes blanches et les officiers anglais furent envoyés à Madras.

Après cette conquête, M. Duchemin vint avec son armée camper à Mangicoupan, et ayant opéré sa jonction avec celle d'Haïder-Aly, ils firent, de concert, le siége de Permacoul, qui capitula le 18 mai.

Les deux armées vinrent ensuite prendre poste à Valdaour. M. Duchemin fut attaqué, en y arrivant, d'une maladie si grave, qu'il ne put suivre le Nabab dans sa marche sur Chetoupet, ni participer au brillant avantage qu'il remporta, le 6 juin, sur l'armée anglaise aux ordres de sir Eyre Coote.

Le conseil souverain de Madras, à la nouvelle des succès d'Haïder-Aly, craignant que, par l'effet de sa réunion avec l'armée française il ne fût en mesure de venir mettre le siége devant cette place, renouvela ses intrigues, afin de décider ce souverain à faire sa paix avec les Anglais, et à abandonner le parti de la France; il lui envoya, à cet effet, deux députés, chargés de lui renouveler les propositions qui lui avaient été faites, peu de temps auparavant, et même de souscrire à toutes les demandes qu'il-pourrait faire.

Il faut le dire à la louange d'Haïder-Aly, malgré les sujets de mécontentement que lui avait donnés depuis quelque temps le général français, par les lenteurs et les difficultés sans nombre qu'il avait apportées à la conclusion du traité, et par la méfiance extrême qu'il lui avait témoignée en différentes circonstances; il ne voulut jamais consentir à recevoir les envoyés anglais, quelques instances que lui en fissent ses généraux; et il se contenta de leur faire dire « qu'il s'était lié avec les Français, et qu'il tiendrait ses engagemens. »

Ce fut dans ces conjonctures, que parvint à Haïder-Aly la nouvelle de la victoire remportée, le 12 avril, par M. de Suffren. Il en éprouva une joie extrême. Dès le soir même, il fit mander au Dorbar l'envoyé français, et là, en présence de sa cour assemblée, il se fit lire la lettre par laquelle le commandeur lui faisait part de son combat. « Enfin, dit-il à ses généraux, « les Anglais ont donc trouvé leur maître ! « voilà l'homme qui m'aidera à les exter- « miner. Je veux qu'avant deux ans il « n'en reste plus un seul dans l'Inde, et « qu'ils n'y possèdent pas un pouce de « terrain. » Et s'adressant à M. Piveron de Morlat : « Ecrivez, lui dit-il, à cet « homme extraordinaire, que j'ai le plus « grand désir de le voir, de l'embrasser, « et de lui témoigner toute mon admira- « tion pour son héroïque valeur. »

Ce prince, après s'être étendu en éloges sur M. de Suffren, quitta le conseil, en donnant des ordres pour que l'armée se disposât à marcher sur Goudelour, où il fixa son entrevue avec ce général.

Le premier soin du commandeur, en arrivant à Batacolo, avait été d'envoyer, par la voie de terre, l'ordre aux bâtimens du convoi qui s'étaient réfugiés à Galles, de venir le joindre immédiatement.

Le scorbut avait fait des ravages considérables dans les équipages; on débarqua les malades : les uns furent établis sous des tentes, et les autres répartis dans les maisons particulières. Les Hollandais fournirent quelques bœufs; le pays offrait assez abondamment une sorte d'herbage appelé *brèdes*, ce qui, joint à la pêche et au gibier qu'on pouvait se procurer facilement, arrêta bientôt les progrès de cette maladie.

Toutefois, ce qui contribuait plus efficacement encore à la prompte guérison des malades, c'était la sollicitude que leur témoignait M. de Suffren. Chaque jour il les visitait, s'informait de leur état, et veillait à ce qu'on pourvût à leurs besoins. Son apparition dans les salles y causait une joie universelle : malades et blessés oubliaient leurs maux; l'espoir et la consolation renaissaient à sa vue : aussi ses soins généreux avaient tellement accru l'attachement des marins et des soldats pour lui, que, malgré les pertes qu'éprouvait toujours le vaisseau qu'il montait, c'était à qui remplacerait ceux que le sort des combats lui avait enlevés, tant est puissant sur les hommes l'empire de la générosité et de l'humanité, alliées aux vertus guerrières[1].

Depuis quelque temps, il régnait dans l'escadre une fermentation sourde, dont les symptômes s'étaient déclarés par des murmures. Plusieurs officiers, qui souffraient impatiemment les privations auxquelles une longue campagne les assujétissait, laissèrent échapper des observations indiscrètes sur l'impossibilité de tenir plus long-temps la mer, sur l'inutilité du séjour de l'escadre à la côte, et sur la nécessité de son retour à l'Ile de France.

Le commandeur, occupé des répara-

[1] Lettre de M. de Suffren à M. Rochard, médecin en chef de l'armée, *Pièces justificatives*, n° 4.

tions de ses vaisseaux et des soins que réclamaient ses équipages fatigués, ignorait ces bruits; mais les clameurs devinrent si fortes qu'elles arrivèrent enfin jusqu'à lui. Qu'on se représente, si on le peut, son étonnement et son indignation lorsqu'il apprit la cause de ce mécontentement, et surtout la honteuse proposition qu'on avait arrêté de lui faire. Il sait qu'une retraite, dans les circonstances où se trouvent et l'escadre et l'armée, serait une fuite, et cette fuite, un opprobre pour lui et pour le pavillon français. *Plutôt faire abîmer l'escadre sous les murs de Madras!* s'écria-t-il dans l'élan de son désespoir. *Quels sont les lâches qui oseront me faire une proposition aussi déshonorante? qu'ils viennent, et ils sauront mes résolutions!*

Ces hommes, il les connaissait; c'étaient les mêmes qui, dans les précédens combats, avaient, sinon fui, au moins abandonné le poste du danger et de l'honneur ; mais le moment n'était point arrivé d'en faire justice, et leur punition, pour être retardée, n'en sera que plus éclatante.

La frégate *la Fine*, qui avait été expédiée, le 9 mai, pour croiser dans le sud, reparut le 16 : elle précédait les bâtimens attendus de Galles, qui rejoignirent l'escadre le soir même, accompagnés par *la Bellone* et *la Sylphide*.

Ce même jour on apprit, par les espions du gouverneur de Batacolo, que l'escadre anglaise avait mouillé, le 22 avril, dans l'arrière baie de Trinquemalé, et qu'elle y avait mis à terre onze cent-cinquante hommes malades ou blessés.

Les réparations de l'escadre avançaient rapidement, les malades étaient presque tous rétablis ; des approvisionnemens en vivres et en munitions, fournis par les Hollandais, avaient été distribués sur tous les vaisseaux, les troupes qui se trouvaient à bord des bâtimens qui venaient de relâcher, furent réparties

pour augmenter la force des équipages ;
alors le commandeur donna l'ordre de
lever les tentes, de faire revenir tout le
monde de terre, et de se tenir prêts à
appareiller.

Le 3 juin, toute l'escadre mit sous voiles ; elle remonta dans le nord, et le 5,
se trouvant à la hauteur de Trinquebar,
elle y laissa tomber l'ancre. Plusieurs bâtimens hollandais, chargés de riz, blé,
arak [1], salaisons et biscuit, étaient mouillés sur cette rade : le commandeur traita
de leurs cargaisons, qu'il fit distribuer sur
ses vaisseaux, et il reçut aussi cinq cents
bœufs qui lui étaient envoyés par Haïder-
Aly. Ces approvisionnemens arrivaient
d'autant plus à propos, qu'on était sur le
point de manquer de vivres, n'ayant pas
eu l'occasion d'en faire depuis le départ
de l'Ile de France.

Le but de cette relâche étant rempli,
M. de Suffren appareilla, en dirigeant sa

[1] Eau-de-vie faite avec du riz fermenté.

route sur Goudelour. Chemin faisant, il s'empara de quatre bâtimens anglais, et ces prises furent d'autant plus importantes dans la circonstance, que leur chargement consistait en vivres et munitions de guerre de toute espèce.

A son arrivée à Goudelour, le commandeur apprit les succès qu'Haïder-Aly avait obtenus sur les Anglais, dans la province d'Arcate; mais en même temps, quels furent et son étonnement et son chagrin d'apprendre aussi que notre armée de terre n'était pas réunie à celle du Nabab, et qu'elle n'avait point participé aux avantages que celle-ci venait de remporter! Des conseils pernicieux, donnés au général Duchemin, avaient été la cause de son inaction et de son refus constant de rejoindre l'armée de ce prince, et il en était résulté une mésintelligence qui pouvait avoir, pour les Français, les suites les plus funestes. Ces nouvelles déterminèrent M. de Suffren à envoyer le major de son

escadre auprès d'Haïder-Aly. Il était chargé de lui proposer de reprendre Négapatam, dont les Anglais s'étaient emparés
quelque temps auparavant, sur les Hollandais; et de lui demander, à cet effet,
quatre cents Européens et un bataillon
de Cipayes. Ne doutant pas que le Nabab
n'acceptât sa proposition, il s'occupa, dès
ce moment, à préparer tout ce qui était
nécessaire pour cette opération.

Ce fut pendant sa relâche à Goudelour, que le commandeur se vit enfin
obligé d'exécuter la menace qu'il avait
faite à l'amiral Hughes, de livrer les prisonniers anglais à Haïder-Aly. Ce parti
était cruel, sans doute, et il en coûtait
à la générosité et à l'humanité si connues de M. de Suffren, d'être réduit à le
prendre. Il ne se dissimulait pas que beaucoup d'entre eux ne reverraient jamais
leur patrie, et il plaignait surtout le sort
de plusieurs jeunes officiers de la plus
belle espérance, qui allaient être con-

damnés à un esclavage mille fois plus affreux que la mort. Mais il faut se rappeler
que l'amiral Hughes avait obstinément
refusé d'ouvrir un cartel d'échange pour
ces prisonniers. Leur nombre, qui s'aug-
mentait chaque jour, encombrait les vaisseaux, dont ils consommaient les vivres
sans utilité, et une aussi grande quantité
d'hommes intéressés à prendre tous les
moyens possibles pour se procurer leur
liberté, pouvait devenir dangereuse dans
les combats que l'escadre allait encore
avoir à livrer.

D'un autre côté, il n'était pas possible
que M. de Suffren se privât de ses bâtimens de transport pour envoyer ces prisonniers, soit à Batavia, soit dans les
autres possessions hollandaises, où il était
même incertain que la régence consentît
à les recevoir; en sorte qu'il ne lui restait
véritablement d'autre parti que de les remettre à la disposition d'Haïder-Aly, qui
les fit conduire dans les terres, et disper-

ser dans ses places fortes. Nous l'avons déjà dit, l'odieux de cette mesure doit retomber tout entier sur les chefs de l'armée anglaise, dont la politique atroce forçait l'amiral français à une cruauté aussi éloignée de son cœur qu'étrangère à son caractère.

La mission confiée à M. de Moissac auprès d'Haïder-Aly avait complétement réussi ; le Nabab, rempli d'admiration pour le commandeur, avait acquiescé avec empressement à ses propositions ; il parut même oublier les justes sujets de plainte qu'il avait contre M. Duchemin, et il chargea le major de se concerter avec cet officier général relativement à la part qu'il devait prendre au siége de Négapatam.

M. de Moissac ayant rapporté ces nouvelles à M. de Suffren, on embarqua immédiatement sur les flûtes tout ce qui était nécessaire pour ce siége ; les troupes furent mises sur les vaisseaux, et l'es-

6

cadre reçut l'ordre de se préparer à mettre sous voiles au premier signal. Les circonstances paraissaient on ne peut pas plus favorables. Les Anglais n'avaient point encore reparu à la côte de Coromandel ; leurs troupes, occupées à protéger le ravitaillement de Vélour, dans le Carnate, n'osaient pas s'éloigner de Madras, dans la crainte de laisser cette place exposée aux insultes d'Haïder ; mais l'activité de l'amiral anglais dérangea l'exécution de ce plan.

Soupçonnant le projet de M. de Suffren, il avait hâté les réparations de ses vaisseaux ; et en quittant Trinquemalé, il était venu mouiller devant Négapatam.

La frégate *la Bellonne*, qui était restée à croiser pendant la relâche de l'escadre à Goudelour, rentra le 3 juillet, et apprit au général l'arrivée de l'amiral Hughes à Négapatam. Aussitôt il donne l'ordre d'appareiller, et, conservant à bord les troupes et le train d'artillerie embarqués pour le siége qu'il ne perdait pas l'espoir de faire , il force de voiles pour aller présenter un nouveau combat à l'amiral anglais. Il ne tardà pas à l'apercevoir au mouillage.

L'escadre s'avançait en ordre, favorisée par un vent de sud-ouest, et manœuvrait pour gagner le vent à l'ennemi, qui venait de mettre sous voiles, lorsqu'un grain violent, qui se fit peu sentir aux autres vaisseaux, démâta *l'Ajax* de son mât de perroquet de fougue, et de celui du petit hunier. *La Bellone* fut aussitôt détachée pour protéger et secourir ce bâtiment, que cet événement forçait de quitter la ligne.

M. de Suffren, pour donner le temps à *l'Ajax* de se réparer, prit le parti de passer le reste de la journée en observation, et le soir, il donna l'ordre de mouiller, pour ne pas perdre ce vaisseau qui tombait toujours sous le vent.

La Fine eut la mission d'éclairer les

mouvemens de l'ennemi, qui mouilla aussi peu de temps après, ayant rapporté à terre.

Combat de Négapatam , le 6 juillet 1782.

Le 6, à la pointe du jour, les deux escadres étaient sous voiles. Mais quelle fut la surprise de l'amiral, lorsqu'il vit *l'Ajax* presque dans le même état que la veille ! Il fit aussitôt hisser le signal de mécontentement pour ce vaisseau ; mais que ne pût-il en même temps exprimer toute son indignation pour une négligence aussi impardonnable !

Cette défection, en privant l'escadre d'un de ses vaisseaux, la réduisit à onze, et l'amiral Hughes, qui avait déjà l'avantage d'un plus gros calibre, put juger qu'il allait combattre à nombre égal.

A sept heures, l'armée anglaise se présenta sur une ligne de front ; on crut que le combat allait s'engager, mais elle tint le vent, et se borna à prolonger la ligne française pour la reconnaître. L'amiral vit que cette armée, quoique moins bien formée en ligne que la sienne, présentait un corps de bataille beaucoup plus formidable, et il jugea dès lors que l'intention de l'amiral anglais était de porter ses efforts sur le centre.

Enfin, à dix heures trois quarts, le combat s'engagea entre les deux avant-gardes au même bord, à un quart de portée de canon, et aux arrière-gardes à une plus grande portée, parce que celle des Anglais qui était au vent, se tint constamment à cette distance. A onze heures le combat était général, et le feu le plus terrible régnait de part et d'autre. *Le Flamand*, à la tête de la ligne, combattait seul contre deux vaisseaux plus forts que lui.

Le Brillant, ayant perdu son grand mât, se trouvait sur le point d'être enveloppé par plusieurs vaisseaux ennemis, qui déjà réunissaient leur feu sur lui, lorsque son capitaine, par une manœuvre savante, trouva le moyen de se replier sur son escadre , sans rien diminuer de la vivacité de son feu.

Pendant ce temps, *le Héros* combattait corps à corps avec l'amiral anglais ; mais une brise très-fraîche du large s'étant élevée, rompit les deux lignes et mit le plus grand désordre dans celle des Français. *Le Brillant* et *le Sévère* ayant été coiffés par l'effet du grain qui était survenu, plusieurs vaisseaux ennemis s'approchèrent d'eux, et les canonnèrent vivement. M. de Suffren, s'apercevant du danger que couraient ces deux vaisseaux, et particulièrement *le Brillant*, qui était démâté, arbora le signal de virer vent-arrière, et successivement celui de se former en ligne de bataille, sans avoir égard aux postes indiqués. Lui-même, tenant le vent avec son vaisseau, et ordonnant la même manœuvre aux vaisseaux du centre, doubla *le Brillant* au vent, se mit entre lui et les vaisseaux qui l'avaient attaqué, et, par cette manœuvre, donna le temps au *Sévère* de se remettre en ligne.

La saute de vent qui avait eu lieu pendant le combat n'avait pas été plus favorable aux Anglais ; non - seulement elle avait jeté le désordre dans leur ligne, mais elle avait encore dispersé plusieurs de leurs vaisseaux. *Le Monarch,* entièrement désemparé, ne pouvait plus gouverner. *Le Worcester*, qui avait eu affaire à l'amiral français, était si mal-traité, que, ne pouvant rallier son escadre, il fut obligé de prendre le large. *Le Superbe,* que montait l'amiral Hughes, et qui avait été aux prises avec *le Héros* pendant quelque temps, n'était guère en meilleur état ; enfin, la plupart des vais-seaux, ayant entièrement cessé leur feu, furent directement au mouillage devant Négapatam, sans attendre l'ordre de leur amiral.

M. de Suffren, resté en panne sur le champ de bataille, voyait fuir l'escadre anglaise devant lui, et hâtait même, à grands coups de canon, la marche de ceux qui n'exécutaient pas assez vite l'ordre de retraite, que venait enfin de donner leur amiral.

Ainsi finit le troisième combat livré par le commandeur dans les mers de l'Inde. Il dura quatre heures et demie, et la perte fut d'environ cinq cents hommes, tant tués que blessés. On comptait cinq officiers parmi ces derniers.

L'escadre fut mouiller à Karical, à deux lieues environ de Négapatam.

La position des Anglais, qui se trouvaient mouillés au vent, leur permettait de venir attaquer l'escadre française, s'ils avaient voulu recommencer le combat. M. de Suffren passa toute la nuit, et une partie de la matinée du lendemain, à observer leurs mouvemens; mais enfin, voyant l'inaction de l'amiral Hughes, il se détermina à conduire son escadre à Goudelour, pour l'y réparer.

Elle était sous voiles depuis quelques heures, lorsqu'on aperçut un petit bâtiment détaché de l'escadre anglaise, portant pavillon parlementaire. L'amiral rendit aussitôt sa manœuvre indépendante, et mit en travers pour l'attendre.

L'officier qui montait ce bâtiment, étant arrivé à bord du *Héros*, remit à M. de Suffren une lettre de sir Edward Hughes, par laquelle il réclamait le vaisseau *l'Ajax*, qui, dans le combat de la veille, après avoir demandé quartier et amené son pavillon, l'avait ensuite rehissé et recommencé son feu. Il avait, ajoutait-il, profité du moment où *le Sultan* mettait un canot à la mer, et allait envoyer l'amariner, pour lui tirer trois volées qui avaient fait un ravage affreux. L'amiral Hughes terminait en réclamant ce vaisseau au nom du roi d'Angleterre, et comme s'étant rendu à l'un des bâtimens de son escadre.

Le commandeur, pour qui cette réclamation était une énigme, répondit que *l'Ajax,* n'ayant point combattu, ne pouvait avoir amené; qu'il n'avait pas connaissance qu'aucun de ses vaisseaux se fût rendu, mais que si, par un événement quelconque, cela fût arrivé, il serait allé l'enlever lui-même au milieu de l'escadre anglaise; qu'au reste il allait vérifier les faits, et que, dans le cas où cette réclamation aurait quelque fondement, il en rendrait compte à sa cour; mais qu'en attendant il ne pouvait prendre sur lui de livrer le vaisseau demandé. *Dites cependant à M. Hughes,* ajouta-t-il en s'adressant à l'officier anglais, *que, s'il croit de son devoir d'insister, il peut venir chercher ce vaisseau lui-même.* Telle fut la manière dont M. de Suffren éconduisit le bâtiment parlementaire.

Il n'était que trop vrai cependant qu'un des vaisseaux de l'escadre avait amené dans le combat du 6; et voici comment ce fait était arrivé.

On a vu que *le Sévère* était vivement chauffé par deux vaisseaux ennemis, lorsque l'amiral lui-même était arrivé pour le dégager. Le capitaine de ce bâtiment, homme faible, et dont la valeur avait déjà été suspectée dans d'autres circonstances, se trouvant cette fois dans un danger plus grand qu'aucun de ceux qu'il eut encore courus, perdit la tête à un tel point, que, sans considérer la honte dont il allait se couvrir, il voulut se rendre, et ordonna d'amener le pavillon. Deux volontaires auxquels il en donna l'ordre refusèrent de l'exécuter ; mais il trouva des hommes plus complaisans, et le pavillon fut amené.

Lorsque cette nouvelle parvint dans les batteries, les officiers ne voulaient point y croire ; l'un d'eux (M. Dieu) vole sur le pont, et voit effectivement le vaisseau sans pavillon. Il fait alors au capitaine les représentations les plus vives, et il essaie de lui faire honte de sa lâcheté.

mais tous ses efforts étant inutiles, il lui déclare qu'il est le maître de son pavillon, mais que lui, ni ses camarades, ne voulant point partager son opprobre, le vaisseau ne se rendra pas à l'ennemi, et qu'ils vont continuer le feu. Cet officier descend aussitôt dans les batteries, et le feu, suspendu pendant quelques momens, recommence avec une vigueur toute nouvelle.

Malheureusement pour *le Sultan,* il venait de mettre en panne, et se disposait à envoyer son canot pour amariner *le Sévère*, lorsque les bordées de ce vaisseau, le prenant en poupe, lui firent un dommage considérable, le forcèrent à éventer, et à tenir le vent.

Cependant le capitaine, à qui il était devenu en quelque sorte impossible d'exécuter sa résolution, avait fait rehisser son pavillon; et ce fut ainsi que la bravoure de ses officiers sauva malgré lui le vaisseau qui lui était confié [1].

[1] Lorsque ces circonstances furent devenues publi-

Ce dernier combat avait mis le comble aux mécontentemens que ressentait depuis long-temps M. de Suffren, de la conduite de plusieurs des capitaines de son escadre. Le commandant du *Sévère* fut suspendu de ses fonctions, ceux de *l'Artésien* et du *Vengeur* reçurent l'ordre de remettre leurs commandemens; quelques autres officiers coupables de lâcheté et d'insubordination furent débarqués et envoyés à l'Ile-de-France. Mais quittons ces détails affligeans, et revenons à Haïder-Aly. Son admiration pour le commandeur s'était encore accrue par la dernière victoire qu'il avait remportée. Ayant appris son retour à Goudelour, il lui écrivit pour lui témoigner le désir qu'il avait de le voir; et sans attendre sa réponse, il ordonna les dispositions nécessaires pour que son armée se mît en mar-

ques, on disait dans l'escadre que le capitaine du *Sévère* avait voulu se rendre aux Anglais, mais que *Dieu* ne l'avait pas permis.

che. Son camp se trouvait alors dans les environs d'Harni, à trente lieues de Goudelour.

Le 25 juillet, M. de Suffren ayant été prévenu que le Nabab venait d'arriver à Bahour, le fit aussitôt saluer par le canon de la place, et par toute l'artillerie de l'escadre. Il lui envoya en même temps son major, pour le complimenter, et prendre son jour pour leur entrevue.

Entrevue d'Haïder-Aly avec M. de Suffren, 26 juillet 1782.

Elle fut fixée au lendemain. Le Nabab, dont le camp était éloigné d'environ deux lieues de Goudelour, envoya un détachement de cinq cents cavaliers, sous les ordres de Goulam-Aly Kan, général en chef de sa cavalerie, pour servir d'escorte au commandeur. Le 26, M. de Suffren descendit à terre avec six de ses capitaines, et plusieurs officiers de son escadre.

Après avoir été complimenté par le général du Nabab, il monta, ainsi que sa
suite, dans les palanquins qui leur avaient
été envoyés , et il sortit de Goudelour,
escorté par la cavalerie d'Haïder, et par
un bataillon de Cipayes.

En arrivant aux premières lignes de
l'armée, il trouva toute l'infanterie du
Nabab rangée en bataille, et présentant
les armes ; les tambours battaient au
champ. L'amiral et sa suite furent intro-
duits immédiatement auprès d'Haïder ,
qui, aussitôt qu'il aperçut M. de Suffren,
se leva, vint le recevoir à l'entrée de sa
tente, et lui donna l'accolade. Revenu à
sa place, et ayant mis le commandeur à
ses côtés, il lui présenta son second fils
Kérym-Saheb , ainsi que tous les seigneurs de sa cour, les chefs de son armée,
et tous les envoyés des différens princes
souverains de l'Inde résidant près de lui.
Après les premiers complimens, le Nabab exprima toute la joie qu'il avait de

voir le commandeur, et son admiration pour les victoires qu'il avait remportées sur les Anglais : *Avant votre arrivée à la côte*, lui dit-il, *je me croyais un grand homme, mais vous m'avez éclipsé , vous seul êtes un grand homme , et un grand général.* M. de Suffren, de son côté, lui dit les choses les plus flatteuses sur ses faits d'armes dans la guerre qu'il soutenait contre les Anglais; et le Nabab répétait à sa cour tout ce que lui disait le commandeur; mais s'apercevant tout à coup que la position dans laquelle il était placé lui devenait fort incommode, à cause de son embonpoint, il fit apporter des carreaux; et l'engagea à s'asseoir à l'européenne, sans égards pour l'étiquette, qui, lui dit-il, n'était pas faite pour lui.

Le commandeur, avant de se rendre au camp du Nabab, avait reçu la nouvelle de l'arrivée de M. de Bussy à l'Ile-de-France, avec six vaisseaux de guerre,

deux frégates, et un grand nombre de
bâtimens de transport, portant environ
cinq mille hommes de troupes, il en fit
part à Haïder-Aly, et lui apprit en même
temps que ses frégates venaient de s'emparer d'une goëlette anglaise qui portait
à Négapatam le colonel Horn, officier
d'un mérite distingué. Le Nabab reçut
ces nouvelles avec la plus grande joie ; et,
pour la témoigner, il détacha de son tur-
ban une aigrette en diamans, dont il
orna le chapeau du commandeur ; il lui
présenta aussi un serpeau [1] fort riche,
et deux bagues d'un grand prix.

Chaque capitaine reçut un serpeau en
gaze d'or, un châl, et une plaque d'or
enrichie de diamans et de pierres pré-
cieuses.

L'usage étant d'ajouter un cheval à ces
objets, ou d'en donner la valeur en argent à ceux pour qui ce présent est inutile, l'équivalent, dans cette occasion,

[1] Habit à la mauresque, en étoffe d'or.

7

fut estimé, par le Nabab, à mille roupies qui furent comptées à chaque capitaine. L'éléphant qu'il destinait à M. de Suffren fut représenté par dix sacs de mille roupies chacun. (Nous avons déjà dit que la roupie vaut de 2 fr. 50 c. à 3 fr.)

Cette première entrevue, où il ne fut point question d'affaires, dura cependant près de trois heures; le Nabab, en la terminant, demanda à M. de Suffren un entretien particulier, et le pria d'accepter un déjeuner pour le lendemain.

Il se leva ensuite, toute sa cour l'imita, et il reconduisit le commandeur jusqu'à la sortie de sa tente. Les mêmes honneurs qu'il avait reçus à son arrivée, lui furent rendus à son retour. Goulam-Aly-Kan, ainsi que plusieurs seigneurs, l'accompagnèrent jusqu'à la tente qui lui avait été préparée, non loin de celle d'Haïder, et où une garde d'honneur était commise auprès de sa personne.

Le général Duchemin, dont la mala-

die n'avait fait qu'empirer depuis quelque temps, n'avait pu assister à cette
entrevue. Le Nabab, qui ignorait son
état désespéré, avait remarqué son absence, et, à cette occasion, il s'était plaint
à M. de Suffren de l'inaction de notre
armée de terre, et de l'inutilité dont elle
lui avait été jusqu'alors. Le commandeur
avait rejeté les justes sujets de mécontan-
tement d'Haïder-Aly sur la maladie du
général, et, en l'assurant du dévouement
de l'armée, il lui avait fait entrevoir que
lorsqu'elle aurait reçu les renforts annoncés, il serait en état de repousser ses
ennemis, et peut-être de les chasser entièrement des deux côtes. Cette espérance
ramena le Nabab à de meilleurs sentimens pour M. Duchemin ; mais les pro-
cédés généreux du commandeur ne pouvaient plus lui être d'aucune utilité ; on
apprit le lendemain qu'il avait succombé
à sa maladie.

Le 27, au moment de son réveil, M. de

Suffren vit entrer dans sa tente le général de la cavalerie, Goulam-Aly-Kan, qui venait lui donner le *salam* de la part de son souverain, et lui renouveler l'invitation qu'il lui avait faite la veille. Les capitaines de l'escadre étant retournés à bord de leurs vaisseaux, le soir même de l'entrevue; le commandeur, accompagné seulement de son major et de M. Piveron, l'envoyé de France, se rendit auprès d'Haïder-Aly. Le déjeuner était préparé dans une tente particulière, il se composait de mets apprêtés à la turque, et, par une attention délicate, le Nabab avait fait disposer le service, et surtout les siéges, à la manière européenne. Pendant le repas il s'entretint constamment avec M. de Suffren, par l'entremise de M. Piveron. Ses combats contre l'escadre anglaise furent le sujet de la conversation, et il ne cessait de lui témoigner son admiration sur son infatigable activité et sa brillante valeur. Le déjeuner terminé,

Haïder-Aly invita le commandeur à passer dans sa tente, et là ils eurent ensemble un entretien particulier qui dura plusieurs heures. Le Nabab lui fit l'exposé de ses plans de campagne contre les Anglais, de ses projets de les chasser de l'Inde, avec le secours de la France ; mais en même temps il ne lui dissimula pas ses inquiétudes, causées par les conquêtes que l'armée anglaise avait récemment faites dans son pays de la côte Malabar, et dans ses propres domaines ; ses craintes sur la défection des Mahrattes, qui, disait-il, finiraient par s'allier aux Anglais contre lui, et pourraient le mettre dans un grand danger, si les troupes françaises aux ordres de M. de Bussy, n'arrivaient promptement à la côte.

La franchise militaire et la noblesse que mit M. de Suffren dans ses réponses, l'intérêt qu'il témoigna au Nabab pour tout ce qui pouvait tendre à l'accomplissement de ses desseins, et à l'accroissement de sa puissance; l'empressement qu'il lui montra de remettre promptement à la mer pour aller combattre les Anglais, l'assurance positive qu'il lui donna de la prochaine arrivée des secours envoyés par le roi de France, charmèrent ce prince, et lui inspirèrent pour l'amiral une estime et une confiance sans bornes. Cette entrevue se termina avec le même cérémonial que la première, et le commandeur, en annonçant au Nabab le projet qu'il avait de retourner le soir même à Goudelour, lui proposa de venir jusqu'à la côte pour jouir du spectacle de son escadre pavoisée, et dans toute la pompe dont les vaisseaux sont susceptibles; Haïder s'en défendit par un compliment aussi flatteur que spirituel, en répondant au général, qu'il ne s'était déplacé que pour avoir le plaisir de le voir, et qu'il ne lui restait plus rien à désirer. Alors, oubliant entièrement la morgue ordinaire aux souverains de l'Asie, il reconduisit le commandeur jusqu'au delà de sa tente, et lui dit en le laissant aller : *Adieu, monsieur de Suffren, heureux le souverain qui possède un sujet aussi précieux que vous, j'espère que vous reviendrez bientôt couvert de nouveaux lauriers, je ne puis vous exprimer le désir que j'en ai, et la confiance que vous m'avez inspirée.*

Cet épisode de la vie de M. de Suffren sera à jamais mémorable dans les fastes de l'Inde, car il est sans exemple qu'un des plus puissans souverains de l'Asie se soit déplacé de plus de quarante lieues, avec une armée de quatre-vingt mille hommes, dans le seul but de donner un témoignage de son estime à un général étranger.

Pendant le séjour à terre du commandeur, l'escadre s'était occupée, avec la plus grande activité, à réparer les avaries qu'elle avait éprouvées dans le dernier combat : plusieurs vaisseaux ayant besoin de changer leurs mâts, on prit ceux des flûtes, et *la Pourvoyeuse* fut expédiée pour Malac, afin d'y prendre les mâtures qui avaient été achetées pour l'escadre.

Dans les premiers jours d'août, M. de Suffren fut instruit que l'escadre anglaise, après avoir quitté Négapatam, s'était dirigée sur Madras, où elle était occupée à embarquer des troupes dont on ignorait la destination. Aussitôt il appareille, et fait route pour Trinquebar, espérant y obtenir des renseignemens plus certains à cet égard; trompé dans cette attente, il se dirige sur Batacolo, où il mouille le 8 août. La frégate *la Consolante*, expédiée de l'Ile-de-France, y était depuis trois jours, elle apprit au général que les vaisseaux *le Saint-Michel,* de 60, et *l'Illustre,* de 74, escortant huit bâtimens de transport, chargés de troupes et de munitions de guerre, étaient mouillés à Galles, où ils n'attendaient que des vents favorables pour le rejoindre.

Ce renfort ne pouvait arriver plus à propos pour l'exécution du projet que méditait M. de Suffren.

En mouillant à Batacolo, il avait expédié un de ses bâtimens légers pour reconnaître la baie de Trinquemalé. Le rapport du capitaine lui ayant donné la certitude que l'escadre anglaise n'y était point, il se détermina à entreprendre le siège de cette place.

Les deux vaisseaux et le convoi parurent le 21. Les troupes qu'ils portaient, ainsi que les munitions de guerre, furent immédiatement réparties sur l'escadre ; les capitaines, appelés à bord de l'amiral, reçurent ses instructions sur l'expédition qu'il avait résolue, et l'ordre de se tenir prêts à mettre sous voiles.

Le même jour le cutter *le Lézard* mouilla dans la rade de Batacolo. Il apportait à M. de Suffren des paquets de la cour, contenant l'approbation de sa conduite à la baie de la Praya, et la confirmation de toutes les grâces qu'il avait demandées pour les officiers de son escadre. Une lettre du grand maître de l'ordre de Malte, en le félicitant sur ses succès, lui annonçait qu'il avait été fait Bailli. Ces nouvelles portèrent la joie à bord de tous les bâtimens, et il eût été difficile de dire à qui elles furent le plus agréables des officiers ou des équipages ; car M. de Suffren était aimé et honoré comme un père par tous ceux qui servaient sous ses ordres.

Le 25 août, l'amiral fit signal d'appareiller, et successivement, de se préparer au combat, et de former la ligne dans l'ordre naturel ; il en prit la tête. L'escadre fit route pour la baie de Trinquemalé ; elle se trouva bientôt à la vue des forts, et elle mouilla dans la baie du Nord.

Siége et Prise de Trinquemalé, 30 *août* 1782.

Le succès de l'entreprise de M. de Suffren dépendait principalement de la célérité qui serait apportée à son exécution. Les Anglais embarquaient des troupes à Madras ; il n'était pas douteux qu'aussi-tôt qu'ils apprendraient l'arrivée de l'es-cadre française devant Trinquemalé, ils se hâteraient de s'y rendre pour mettre obstacle à ses opérations ; il fallait donc qu'une attaque aussi vigoureuse qu'im-prévue fît tomber cette place avant qu'elle pût être secourue ; et l'on va voir le bailli de Suffren déployer sur ce nouveau théâ-tre les talens d'un général consommé dans l'art des siéges.

Aussitôt que l'escadre fut mouillée, l'amiral donna l'ordre à toutes les cha-loupes de se rendre à son bord, portant chacune le plus de troupes qu'on pourrait y embarquer, et pour trois jours de vi-vres. On débarqua d'abord huit cents hommes, et les chaloupes, renvoyées à bord des vaisseaux, ramenèrent successi-vement douze cents hommes, l'artillerie de siége et les munitions. Dans ce nombre étaient six cents Cipayes et environ quatre cents noirs, qui avaient été embarqués sur l'escadre lors de sa première relâche à Goudelour.

La descente se fit à deux tiers de portée de canon des forts. Les Anglais, pris à l'improviste, n'opposèrent aucun obstacle au débarquement. Ils poussèrent même la négligence au point de ne pas détruire les maisons qui environnaient les forts où ils se retirèrent.

Le 27 août, à la pointe du jour, le général descendit à terre ; il visita les travaux commencés, fit élever de nouvelles batteries de mortiers et de canons, et construire des retranchemens. Vers onze heures, les Anglais, dans l'intention de déloger les Français des maisons dont ils s'étaient emparés, et à couvert desquelles ils approchaient les ouvrages jusqu'à la portée du fusil ; firent une sortie avec environ deux cents hommes, mais ils furent reçus avec une telle vigueur, qu'ils

n'eurent que le temps de rentrer promptement dans les forts, sans avoir pu exécuter leur dessein.

Les ouvrages avançaient rapidement ;
on était déja parvenu à assurer les communications entre eux. Les Cipayes et les
Cafres rivalisaient de zèle et d'ardeur
avec les troupes blanches, M. de Suffren
se portait partout, animant et dirigeant
les travailleurs. Enfin, le 29, les batteries
commencèrent à jouer : elles consistaient
en six canons de 18 et trois mortiers.
Leur feu, parfaitement bien dirigé, était
très-destructeur ; mais les plate-formes,
mal faites à cause de la précipitation
avec laquelle elles avaient été établies, se
démontèrent et s'affaissèrent promptement. Il fallut suspendre l'attaque pour
les réparer ; on s'en occupa toute la nuit,
et au jour les batteries se trouvèrent en
état. Le feu recommença le 30, avec une
nouvelle vigueur. A neuf heures, le général fit sommer le fort principal de se

rendre, quoique la brèche fût encore loin
d'être faite. L'officier français revint,
deux heures après, avec un officier du
génie. Ils portaient les conditions auxquelles le gouverneur consentait à capi-
tuler. M. de Suffren les trouva un peu
exigeantes ; mais il ne crut pas devoir se
rendre difficile : c'étaient moins des prisonniers qu'il voulait faire, que le poste
important de Trinquemalé qu'il désirait
occuper. La garnison obtint les honneurs
de la guerre, et son renvoi à Madras
aux frais des assiégeans. Elle était composée de quatre cents Européens et six
cents Cipayes. L'accession du fort d'Os-
tembourg à cette capitulation, qui eut
lieu le lendemain, permit aux Français
d'arborer leur pavillon sur tous les points
de la baie.

Ainsi, en cinq jours de temps, le bailli
de Suffren s'empara d'un des plus beaux
ports de l'Inde, et d'une place qui, par
sa position, assurait ses moyens d'atta-

que, et facilitait les communications avec les autres possessions françaises dans ce pays [1].

Le pressentiment qu'avait l'amiral de l'arrivée prochaine de l'escadre anglaise ne tarda pas à se réaliser. Elle parut effectivement trois jours après la prise de Trinquemalé. M. de Suffren était encore à terre, occupé des moyens de mettre sa conquête à l'abri de toute attaque, et à assurer l'exécution de la capitulation, lorsqu'on signala plusieurs voiles, qui furent bientôt reconnues pour anglaises. Aussitôt il ordonne le rembarquement des troupes, retourne à bord de son vaisseau, et se dispose à aller livrer un combat d'une autre espèce.

[1] Les états-généraux, en reconnaissance des services que leur avait rendus le bailli de Suffren, firent frapper une médaille en son honneur. Le sculpteur Houdon exécuta pour eux le buste en marbre de cet amiral; et, à son retour en France, ils chargèrent leur ambassadeur de lui remettre, en leur nom, une riche épée garnie en diamans.

Le jour commençait à tomber lorsqu'on aperçut les vaisseaux ennemis, et l'éloignement où ils étaient encore au soleil couchant ne leur permit pas d'avoir connaissance de l'escadre française, qui était mouillée sous la terre. Ils laissèrent tomber l'ancre dans le nord, près de l'île aux Pigeons. Au jour, on les vit sous voiles, manœuvrant pour s'approcher de la baie.

Le Héros ayant arboré sa marque distinctive, tous les vaisseaux hissèrent leur pavillon de poupe.

L'escadre anglaise qui, ainsi qu'on pouvait en juger, se disposait à entrer dans la baie, aussitôt qu'elle aperçut le pavillon blanc flottant sur les forts, laissa arriver tout à la fois, et continua à courir largue. Il devint évident alors que l'amiral Hughes, ignorant la prise de Trinquemalé, arrivait pour le secourir; et sa manœuvre en ce moment marquait assez sa surprise et sa consternation.

M. de Suffren avait donné l'ordre de virer à pic. Une forte rafale, qui s'éleva subitement, fit déraper plusieurs vaisseaux : *le Flamand* vint tomber sur *L'Orient,* qui ne l'évita qu'en appareillant précipitamment. *Le Héros* aborda *l'Annibal* qui était encore mouillé; et ces deux vaisseaux se firent réciproquement des avaries assez majeures. Le général alors fit le signal d'appareiller, et ordonna à *la Bellone* d'aller reconnaître l'ennemi qui continuait toujours à s'éloigner. On faisait petites voiles, en attendant le retour de la frégate, lorsque tout à coup l'escadre reçut l'ordre de mouiller avec une grosse ancre.

Plusieurs capitaines profitèrent de cette circonstance pour se rendre à bord du *Héros.* Ils représentèrent à l'amiral que peut-être il serait de la prudence de s'abstenir de combattre. Trinquemalé pris assurait à l'escadre un port pour l'hivernage, et un rendez-vous pour les convois.

On avait, en quelque sorte, présenté le combat aux Anglais, en appareillant à leur vue; mais, puisqu'en prenant le bord du large, ils entraînaient l'escadre loin de Trinquemalé et du convoi, il fallait tenir le vent pour y revenir. Ces considérations commençaient à ébranler M. de Suffren, lorsque *la Bellone* vint lui rendre compte que l'escadre anglaise n'avait que douze vaisseaux (l'escadre française se composait de quatorze). *Messieurs*, dit M. de Suffren, *si l'ennemi était en forces supérieures, je me retirerais ; contre des forces égales, j'aurais de la peine à prendre ce parti ; mais contre des forces inférieures, il n'y a pas à balancer, il faut combattre : appareillons, et qu'on en fasse le signal !*

Combat de Trinquemalé, 3 septembre 1782.

Aussitôt que l'escadre fut sous voiles, l'amiral donna l'ordre de former la ligne, et peu de temps après celui d'arriver. On était

à environ sept lieues de l'escadre anglaise, qui continuait à faire porter. La
brise était très-forte. La grande inégalité
de marche des vaisseaux, dont six seulement étaient doublés en cuivre, obligea
M. de Suffren à se mettre en panne avec
ses meilleurs voiliers, pour attendre les
plus mauvais marcheurs; mais il n'y resta
pas assez long-temps pour que la ligne
pût se former parfaitement, quoique les
vaisseaux qui devaient prendre leur poste
se fussent couverts de voiles pour s'y rendre. Dans le dessein de mettre sa ligne
parallèlement à celle des Anglais, M. de
Suffren envoya l'ordre à son avant-garde
d'arriver, ordre qu'il rendit général bientôt après. *L'Artésien* et *le Saint-Michel*
l'exécutèrent avec tant de célérité, qu'en
peu de temps ils s'approchèrent à demi-
portée de canon du vaisseau de tête ennemi, mais de l'avant à lui. Alors, pour
ne pas se trouver entièrement sous le vent
de la ligne anglaise, ils revirèrent au plus

près, tribord amure, manœuvre qui fut exécutée par les vaisseaux qui les suivaient. Le signal général à toute l'escadre d'arriver fut de nouveau arboré; mais comme il ne s'exécutait pas assez promptement au gré de l'amiral, il le fit appuyer d'un coup de canon. On crut dans les batteries que c'était le commencement du combat, les bordées partirent. *L'Illustre* qui suivait envoya la sienne, et il fut imité par les autres vaisseaux. L'escadre anglaise riposta aussitôt, mais sans discontinuer de courir grand largue, et en un instant le feu devint général.

M. de Suffren, au désespoir de voir le combat engagé lorsque son escadre était aussi mal formée en ligne, multipliait les signaux à l'escadre, à chaque division, et pour ainsi dire à chaque vaisseau ; mais la ligne continuait à être sans ordre, peu de vaisseaux pouvaient combattre avantageusement, la plupart étaient trop au vent, les autres tiraient des volées qui ne produisaient aucun effet.

L'escadre anglaise, au contraire, formée dans le meilleur ordre, faisait un feu d'autant plus terrible qu'il était bien dirigé. Ses efforts se portaient particulièrement sur le centre de l'escadre française où étaient *le Héros*, *l'Illustre* et *l'Ajax* qui l'avaient seuls approchée à portée de fusil. En vain le général répétait le signal de venir à son secours, le gros de son escadre se trouvait presqu'en calme, ou du moins le vent était si faible, qu'il ne pouvait manœuvrer; tandis que les vaisseaux ennemis, favorisés par une brise très-fraîche, évoluaient à leur aise, et écrasaient l'amiral et ses deux matelots [1]. Il était même à craindre que l'avant-garde anglaise, en revirant, ne mît ces trois vaisseaux entre deux feux; mais *l'Artésien*, qui jugea leur position, se porta rapide-

[1] Par ce mot on entend le vaisseau qui suit ou qui en précède un autre.

ment par le travers de cette avant-garde, combattit lui seul les trois premiers vaisseaux, les tint en respect, en força même deux de laisser arriver, et par cette belle manœuvre, sauva, en quelque sorte, ces vaisseaux du danger d'être enlevés.

Pour comble de malheur le feu prit à bord du *Vengeur;* la flamme qui sortait de toutes parts effraya les vaisseaux qui se trouvaient près de lui, ils forcèrent de voiles pour s'éloigner, et ce mouvement ne contribua pas peu à augmenter le désordre qui régnait déjà dans la ligne française.

M. de Suffren se croyant abandonné par son escadre était au désespoir, et voulait s'ensevelir sous les ruines de son vaisseau : déjà il avait perdu son grand mât; celui de perroquet de fougue et le petit mât de hune venaient de tomber. Aux cris de joie qu'il entend à bord d'un des vaisseaux ennemis qui le combattaient, il regarde sa mâture, et s'aperçoit que son pavillon de commandement est abattu. *Des pavillons*, s'écria-t-il, *qu'on apporte des pavillons blancs, qu'on en mette tout à l'entour du vaisseau.* On le voyait furieux, courant sur la dunette, s'offrir en quelque sorte aux boulets ennemis, ne voulant pas survivre à sa défaite; mais le génie de la France veillait sur lui, et le couvrant de son égide, le réservait pour des succès qui devaient le dédommager de cette espèce d'échec.

Le combat durait depuis une heure et demie; mais, comme on l'a vu, isolément et partiellement, lorsqu'enfin les vaisseaux de l'escadre française parvinrent à se réunir, les uns à l'aide de leurs embarcations, et les autres à la faveur des petites brises qui s'élevaient dans différentes directions; mais la nuit qui survint fit cesser le combat de part et d'autre. Les Anglais prirent la bordée du nord-ouest, et furent relâcher à Madras. Plusieurs de leurs vaisseaux paraissaient très-maltraités, et l'un deux avait perdu son grand mât.

Telle fut l'issue d'une action si malheureusement commencée, plus malheureusement suivie, et pour le succès de laquelle se réunissaient cependant tant de chances favorables. M. de Suffren resta persuadé que la plupart de ses vaisseaux l'avaient abandonné, ou du moins qu'ils avaient négligé de venir à son secours aussi promptement qu'ils l'auraient pu. Son mécontentement était extrême; et dès le soir même il en donna des témoignages non équivoques. Un vaisseau qui passait sous sa poupe, lui ayant demandé des nouvelles de son état personnel, le silence fut la seule réponse qu'il obtint, l'amiral se borna à lui faire donner sèchement ses ordres.

L'escadre resta toute la nuit en panne sur le champ de bataille. Le lendemain, au jour, n'apercevant plus l'ennemi, elle fit route pour Trinquemalé, dont elle eut connaissance le 7 septembre au soir. Avant d'y entrer, elle était destinée à éprouver un nouveau malheur. Le 8 , à quatre heures du matin, on entendit un coup de canon, et le jour fit voir à l'escadre le vaisseau *l'Orient* échoué sur *la pointe sale*, qui se trouve à l'entrée de la baie. Tous les vaisseaux eurent ordre de mouiller pour lui porter secours. On reconnut bientôt qu'il avait donné sur des rochers cachés sous l'eau, en sorte que la vétusté de ce bâtiment, qui ne se soutenait plus sur l'eau que par le jeu des pompes, surtout depuis le combat de Provédien, ôta tout espoir de le sauver. On ne put en retirer que la mâture, et c'était presque une consolation dans la disette où l'on s'en trouvait. Les vents contraires retinrent l'escadre au mouillage, et elle ne put rentrer dans la baie que le 17.

C'était un spectacle vraiment douloureux que de voir l'état dans lequel revenait cette escadre. *Le Héros* n'avait conservé de mâts que celui de misaine, sa voilure était criblée, et il coulait bas d'eau. *L'Illustre* et *l'Ajax*, qui, comme lui, avaient supporté les efforts du centre de l'escadre anglaise, n'étaient guère en meilleur état. Le premier avait perdu, dans le combat, son mât de perroquet de fougue et celui de grand hunier, peu après son grand mât était tombé, et avait entraîné le mât d'artimon dans sa chute. *L'Annibal* lui donnait la remorque. *L'Ajax*, qui avait aussi des avaries majeures, était accompagné par une frégate. Les pertes des autres vaisseaux étaient presque nulles en comparaison de celles-ci.

Aussitôt que l'escadre fut rentrée dans la baie de Trinquemalé, on s'occupa à réparer les vaisseaux désemparés, et les équipages y apportèrent une si grande activité, qu'en moins de quinze jours elle se trouva prête à reprendre la mer.

Pendant cette relâche, le bailli de Suffren reçut des avis qui lui donnèrent de l'inquiétude pour Goudelour. Haïder-Aly avait été obligé de se porter dans le Nord avec son armée ; les Anglais profitant de son éloignement, étaient sortis de Madras, et campaient sur le coteau de Périmbé, près de Pondichéri, d'où ils semblaient menacer Goudelour. Le comte d'Hoffelize, colonel du régiment d'Austrasie, qui avait succédé au général Duchemin dans le commandement de l'armée, s'était vu contraint de se concentrer dans cette place, ses forces n'étant point assez considérables pour les livrer aux chances d'un combat avec sir Eyre Coote.

Goudelour était une position importante pour les Français. On y avait réuni une grande quantité de vivres et d'approvisionnemens, et il fallait la conserver à quelque prix que ce fût. L'amiral expédia *la Bellone* au comte d'Hoffelize, pour lui annoncer son retour prochain à la côte, et lui recommander, dans le cas

où il serait attaqué, de tâcher de tenir jusqu'à son arrivée. Cet officier supérieur,
depuis qu'il avait pris le commandement
de l'armée, ne s'était occupé qu'à réparer
les fautes de son prédécesseur. Déjà il
était parvenu à regagner la confiance du
Nabab, et l'estime qu'il lui avait inspirée
était telle, qu'Haïder-Aly, apprenant le
danger dont était menacé Goudelour, lui
envoya immédiatement trois mille cinq
cents hommes de ses meilleures troupes,
sous le commandement de Bahadour-
Soumakan, son parent. En outre, il expédia l'ordre à Typoù-Saheb de suspendre ses opérations dans le Tanjaour,
pour se porter en toute hâte sur Goudelour; et lui-même se mit en mouvement pour tomber sur les derrières
de l'armée anglaise. Mais le général
Coote, ainsi qu'on le verra plus loin, rendit par sa retraite toutes ces mesures
inutiles. Cependant le comte d'Hoffelize
sut, par des manœuvres sagement com-

binées, forcer à l'inaction l'armée qui lui était opposée, et faire, en attendant les renforts qui lui étaient annoncés, une campagne d'observation justement admirée par tous les militaires.

Le 1er octobre, l'escadre étant réparée et approvisionnée, les forts de Trinquemalé munis de bonnes garnisons, M. de Suffren appareilla pour se rendre à Goudelour, où il mouilla le 4. En y entrant, l'escadre éprouva encore une nouvelle perte. Les vents régnaient du large, et la brise était assez forte. *Le Sphinx,* qui était en tête de la ligne, mouilla trop précipitamment, *le Bizarre,* qui le suivait, craignant d'être gêné par le mouvement de culée du *Sphinx,* se vit obligé d'arriver; mais ce vaisseau ne fut pas assez sensible à l'action de son gouvernail, et à la disposition de ses voiles, pour le faire venir au vent lorsqu'il eut doublé *le Sphinx;* et on le vit s'échouer par le plus beau temps du monde. Toutes les embarcations de l'escadre volèrent aussitôt à son secours, mais balotté par la lame sur un fond de roches, il se creva bientôt; et l'on dût perdre tout espoir de le sauver.

L'amiral fut très-sensible à cet événement, il voyait avec peine cette diminution de ses forces, tandis qu'il savait que celles des Anglais venaient de s'augmenter de cinq vaisseaux, par la jonction du Commodore Bickerton avec l'amiral Hughes; et il sentait que leur supériorité ne lui permettrait plus de se mesurer avec eux, avant d'avoir reçu les renforts, en hommes et en vaisseaux, qui lui étaient annoncés d'Europe, et que devait lui amener M. de Bussy.

Toutefois le chagrin de M. de Suffren fut tempéré par la satisfaction qu'il éprouva de ne pas trouver Goudelour assiégé, ainsi qu'il l'avait craint. Le général Coote, qui avait effectivement le projet d'attaquer cette place, était déjà en route pour venir l'investir, lorsqu'apprenant la prise de Trinquemalé, il se retira en toute hâte jusqu'au Grandmont, sous Madras, où son armée passa tout l'hivernage suivant. Ainsi c'était encore à l'amiral qu'on devait la conservation de ce poste important.

On était arrivé au 12 octobre, le reversement de la mousson [1] allait bientôt s'opérer, et ni l'une ni l'autre escadre ne pouvait rester plus long-temps à la côte de Coromandel. Les Anglais gagnèrent celle de Malabar, et se réfugièrent à Bombai, où ils devaient trouver des secours de toute espèce.

L'amiral Hughes ne doutait pas que l'escadre française ne fût obligée d'aller, suivant l'usage ordinaire, se ravitailler à l'Ile de France, à quinze cents lieues du théâtre de la guerre. Certain alors de se

[1] Le mot *mousson* est tiré de la langue malaise, et signifie *saison*. Les marins de l'Inde l'emploient pour désigner des vents périodiques auxquels on donne la dénomination du point d'où ils soufflent : ainsi l'on dit la mousson du sud-ouest, et la mousson du nord-est.

trouver le premier à la côte de Coromandel, au retour de la belle saison, il espérait
bien recouvrer la supériorité qu'il avait
perdue, et reprendre, avant l'arrivée des
Français, toutes les conquêtes qu'ils
avaient faites.

Cependant quel parti prendra M. de
Suffren? Trinquemalé lui offre, il est
vrai, un port superbe où ses vaisseaux
seront en sûreté, mais pendant la saison
où l'on va entrer le climat en est insa-
lubre; ses équipages, épuisés par tant de
fatigues et par un si long séjour à la mer,
loin d'y recouvrer la santé, y trouveront
peut-être leur tombeau; et pour l'amiral
la conservation des hommes est plus pré-
cieuse encore que celle des vaisseaux. On
croyait qu'il mènerait son escadre à l'Ile-
de-France, on le désirait même; les Anglais en étaient persuadés, et s'en réjouis-
saient déjà; mais tout le monde sera
trompé. Cette erreur pouvait toutefois
être utile aux desseins de M. de Suffren,

elle pouvait du moins servir à donner le change sur le lieu où il méditait de passer l'hivernage ; il résolut d'en profiter, et quelques officiers de l'armée étant venus lui demander la permission de passer sur les vaisseaux de l'escadre pour rejoindre leurs corps à Trinquemalé, il la leur accorda, mais en se proposant de les conduire ailleurs auparavant.

L'île de Sumatra forme la partie orientale qui borne la mer des Indes. Achem, capitale du royaume de ce nom, est situé dans le N.-O. Ce lieu offre une rade assez sûre, garantie du côté de la mer par des îlots très-élevés. Le pays est arrosé par des rivières, les bestiaux y sont très-communs, la terre y est d'une fertilité telle, que les vaisseaux y trouvent en abondance, et à un prix très-modéré, toutes les espèces de rafraîchissemens, et surtout des fruits délicieux. Ce fut cette rade que M. de Suffren choisit pour faire hiverner son escadre. Elle appareilla de

Goudelour le 15 octobre, au moment où le coup de vent ordinaire au reversement de mousson éclatait; et elle mouilla à Achem le 1er novembre. Aussitôt que l'escadre fut mouillée, l'on s'occupa de dresser des tentes à terre pour y déposer les malades, et l'on prit les mesures nécessaires pour procurer aux équipages les rafraîchissemens dont ils avaient un si pressant besoin. On s'occupa aussi des réparations à faire à divers vaisseaux. La frégate *la Pourvoyeuse*, qui avait été expédiée à Malac pour y chercher des mâtures, rejoignit l'escadre avec *la Bellone*, qu'on avait envoyée au-devant d'elle en quittant Goudelour. Les mâts qu'elle apportait furent distribués aux vaisseaux qui en manquaient, et ils ne pouvaient arriver plus à propos.

Les réparations avançaient rapidement, les malades se rétablissaient à vue d'œil, lorsqu'une corvette, expédiée de-l'Ile-de France, vint annoncer à l'amiral l'arrivée

prochaine de M. de Bussy, avec trois
vaisseaux de guerre sous le commandement de M. de Peynier, et un convoi chargé de troupes et de munitions. Cette nouvelle détermina M. de Suffren à se mettre
en mesure de se réunir à ce nouveau renfort, et il appareilla d'Achem le 20 décembre, cinquante jours après y être entré. La mauvaise saison commençait à
s'avancer, et l'intention de l'amiral était
de retourner à la côte de Coromandel le
plus promptement possible. Il s'arrêta un
moment à Gamjam, comptoir anglais situé sur la côte d'Orixa, et il y détruisit
une grande quantité de bâtimens chargés
de vivres pour le compte des Anglais.

Le 12 janvier 1783, étant mouillée par
le travers des bouches du Gange, on
vit, à la nuit tombante, une corvette se
diriger sous toutes voiles sur l'escadre,
et laisser tomber l'ancre au milieu d'elle;
c'était *le Coventry*, de 30 canons, commandé par le neveu de sir Édouard

Hughes ; cet officier, estimant les Français bien loin de là, avait cru donner dans l'escadre anglaise. Le lendemain on fit encore diverses prises, et entre autres un vaisseau de la Compagnie des Indes, ainsi qu'un petit bâtiment portant 20 canons. Le capitaine *du Coventry* informa M. de Suffren que le Nabab Haïder-Aly était mort, le 7 décembre, dans les environs d'Arcate. L'amiral donna des regrets à la perte de ce prince, et il les méritait par l'attachement constant qu'il avait montré pour les Français.

Cet événement, qui pouvait être de la plus grande importance pour le sort de l'armée, fortifia M. de Suffren dans l'intention, qu'il avait déjà, de se rendre à la côte ; et il fit route pour Goudelour, où il mouilla le 1er février. Il apprit en y arrivant les détails de la mort du Nabab. Depuis quelque temps déjà, Haïder-Aly éprouvait une altération sensible dans sa santé ; quatre années consécutives passées sous la tente, plusieurs blessures reçues en divers combats, et qui avaient été peu ou mal soignées, avaient affaibli sa constitution. Un mal qui mine lentement les sources de la vie, et qui est presque endémique dans l'Indoustan, avait fait chez lui les plus grands ravages. Il lui survint, entre les deux épaules, une tumeur nommée par les Hindous *radjépora*, qui signifie *ulcère* ou *bouton royal.* Cette tumeur augmenta bientôt à un tel point, par l'ignorance de ses médecins, que le prince se trouva, en peu de jours, dans le plus grand danger. Un partisan français qui avait autrefois exercé la chirurgie, fut consulté; mais ne croyant pas devoir prendre sur lui de traiter le Nabab, il lui conseilla de faire appeler des médecins de l'armée française. Un courrier avait été expédié immédiatement à M. le comte d'Hoffelize, qui aussitôt avait envoyé M. Rochard, médecin en chef de l'armée, et M. Noël, chirurgien-major. Dès leur première visite, ils furent d'avis d'ouvrir la tumeur, mais le Nabab s'y refusa d'abord. Scrupuleusement attaché aux rits de sa religion, il voulut auparavant qu'on consultât les devins. Les lettres dont se composaient les noms du médecin et du chirurgien furent transposées, on fit des calculs, et l'on consulta les astres.

Il fut résolu qu'on ne pourrait opérer que dans un jour heureux, et ce jour n'arriva que soixante-douze heures après.

Pendant ce temps, le mal fit des ravages, et lorsqu'enfin on put ouvrir la tumeur, il était déjà trop tard; et le prince, à qui les devins avaient promis une prompte guérison, et encore six années de vie, mourut en huit jours de temps, à l'âge de soixante-trois ans; victime de la superstition qui, dans ce pays, règne encore plus despotiquement que partout ailleurs.

Haïder-Aly-Kan était incontestablement un des hommes les plus extraor-

dinaires que l'Asie eût produits. Dépour-
vu de toute instruction, il avait cependant acquis d'assez grandes connaissances
dans les sciences et la politique, et il s'é-
tait élevé, par ses seuls talens, de l'état
obscur où le sort l'avait fait naître, à la
souveraineté d'un puissant royaume.
Strict observateur de la discipline militaire, il était impitoyable pour les moin-
dres fautes commises dans le service.
Cruel envers ses ennemis, il était doux,
généreux et affable pour ceux qu'il re-
gardait comme ses amis. Sa haine implacable pour les Anglais se manifesta dans
toutes les occasions ; il passa sa vie à les
combattre ; et, nouveau Mithridate, ses
derniers regards les avait vus fuir, car il
avait remporté sur eux une sanglante victoire quelques jours avant sa mort.

Son fils, Feth-Aly-Kan, communé-
ment appelé Typoù-Saheb, lui avait succédé, et paraissait avoir hérité de sa
haine contre les Anglais, en même temps

que de sa confiance dans les Français. M. de Suffren s'empressa donc de lui écrire, pour le féliciter sur son avénement ; et l'engager à suivre les grands desseins de son père, en l'assurant que, de son côté, il le seconderait de tout son pouvoir.

M. de Bussy, attendu si impatiemment, arriva enfin, avec trois vaisseaux et une frégate, escortant environ trente bâtimens, reste d'un convoi beaucoup plus considérable, mais qui avait été disséminé ou pris par les Anglais pendant le trajet.

La belle saison s'avançait, et l'on devait s'attendre chaque jour à voir paraître l'amiral Hughes. L'escadre française, dans l'état où elle se trouvait, ne pouvait se mesurer avec elle. Son infériorité en nombre était le moindre des obstacles. Les vaisseaux qui venaient de la rallier ayant essuyé des avaries, avaient besoin de réparations ; les autres, auxquels on n'avait pu en faire que de provisoires à Achem, étaient dans le même cas ; en un mot, l'escadre entière devait être presqu'entièrement radoubée. M. de Suffren, qui sentait le prix des instans, se hâta de faire débarquer les troupes ; il fit distribuer sur les vaisseaux les munitions et les vivres apportés par le convoi ; et lorsque ces opérations furent terminées, il mit à la voile pour se rendre à Trinquemalé. Les vents contraires rendirent la traversée beaucoup plus longue qu'elle n'aurait dû l'être ; mais l'amiral trouva dans cette circonstance la récompense de son activité ; car les premiers vaisseaux entraient à peine dans la baie, lorsque *la Fine*, qui était en observation, signala dix-sept vaisseaux de guerre. M. de Suffren donna aussitôt l'ordre de forcer de voiles, et l'amiral Hughes sembla être arrivé tout exprès pour être témoin de l'entrée de l'escadre française à Trinquemalé. Une heure plus tard, un combat était inévitable, et l'amiral français n'était pas plus en mesure de le livrer qu'en état de le soutenir.

D'après les instructions données par la cour à M. de Bussy, l'amiral se trouvait, en quelque sorte, sous ses ordres ; il crut donc devoir lui rendre compte de l'heureuse rentrée de l'escadre à Trinquemalé.

M. de Suffren avait toutefois un motif encore plus pressant d'expédier à la côte. En appareillant de Goudelour, il avait détaché deux vaisseaux et deux frégates pour croiser à la hauteur de Madras, afin d'intercepter un convoi qu'il savait y être attendu. Il était donc essentiel de prévenir ces croiseurs de la présence de l'escadre anglaise, de leur donner l'ordre de lever la croisière, et d'opérer leur retour. L'amiral expédia, en conséquence, la frégate *la Nayade*, commandée par M. Villaret de Joyeuse. La mission était délicate et périlleuse. M. de Suffren ni le capitaine Villaret ne se le dissimulaient pas ; aussi cet officier, en recevant ses instructions de la main de l'amiral, lui demanda-t-il, avec une gaieté toute française, s'il avait eu la précaution d'y joindre des lettres de recommandation pour le gouverneur de Madras et pour l'amiral Hughes.

L'événement ne justifia que trop tôt ces craintes. Trois jours après son départ, *la Nayade* eut, à la chute du jour, connaissance d'un vaisseau anglais. C'était le *Sceptre*, de 64 canons. M. Villaret manœuvra aussitôt pour lui échapper, mais sans succès. Le combat s'engagea, et dura pendant cinq heures avec acharnement. *La Nayade* était parvenue à causer au *Sceptre* des avaries majeures, et lui avait mis beaucoup de monde hors de combat ; mais elle-même, plus maltraitée encore, fut enfin obligée d'amener.

Le capitaine du vaisseau anglais vint recevoir M. Villaret à son arrivée à bord;

et en lui rendant son épée, que celui-ci lui offrait, il lui dit : *Monsieur, vous nous donnez une belle frégate, mais vous nous l'avez vendue bien cher.* Il est inutile d'ajouter que le capitaine Villaret fut traité avec tous les égards dus à la bravoure et au courage malheureux.

Lorsqu'au mois de juin suivant, la paix ramena M. Villaret et les autres prisonniers français au milieu de leurs camarades, M. de Suffren lui fit l'accueil le plus flatteur, et le décora de la croix de Saint-Louis.

Quelque temps avant l'arrivée de M. de Bussy à la côte de Coromandel, Typoù-Saheb avait été obligé de la quitter, et de repasser les Gattes avec son armée. Ce prince, dont l'avénement avait d'abord été tranquille, s'était bientôt vu inquiéter par Nizam-Ali-Khân, et le fils de Bazalet-Zingue, princes des Mahrattes. D'un autre côté, l'armée anglaise s'était emparée, dans le Nord, de plusieurs possessions importantes, dont quelques-unes appartenaient en propre au sultan; en sorte qu'il avait à craindre un embrasement général dans ses états, s'il ne s'était hâté de s'y rendre. En partant, il avait laissé au comte d'Hoffelize environ douze mille hommes de cavalerie, cinq mille hommes d'infanterie tant Piédas que Cipayes; outre les troupes disséminées dans les différentes places fortes. Toutes ces troupes, réunies à l'armée française, pouvaient former un total d'environ vingt mille hommes, non compris les renforts qu'amenait M. de Bussy, qui se trouvaient réduits à deux mille hommes au plus. Telle était la composition de l'armée avec laquelle ce général allait avoir à résister aux forces anglaises qui étaient beaucoup plus considérables, et surtout commandées par des chefs habiles et intrépides, tels que les Coote et les Stuard; aussi cette armée eût-elle éprouvé une destruction inévitable, si le bailli de Suffren n'eût été pour elle un génie tutélaire; car il faut bien le dire, M. de Bussy, qui, dans la guerre précédente, avait paru avec tant d'éclat en Asie, n'était plus le même homme. Une maladie longue et douloureuse qu'il venait d'éprouver récemment, avait abattu ses forces et presque éteint son énergie. En reparaissant sur cet ancien théâtre de sa gloire, il le trouvait occupé par de nouveaux personnages, d'autres souverains régnaient dans l'Inde ; c'était une autre politique, d'autres intérêts ; en un mot, tout, et lui-même était changé.

Mais ce qu'il y eut de plus fatal aux succès de l'armée française, furent les dissensions entre les chefs; parmi les nouveaux venus se trouvèrent quelques intrigans qui parvinrent à faire adopter au général des préventions fâcheuses contre M. d'Hoffelize et ses principaux officiers. Elles se manifestèrent dans les conseils, où leurs avis furent méprisés au

lieu d'être suivis; il en résulta une mésintelligence telle, que quelques - uns
d'entre eux se virent contraints de se
retirer, en attendant l'occasion de repasser en Europe. Alors M. de Bussy se
trouva livré entièrement à ces conseillers
perfides, qui déjà avaient perdu M. Duchemin. Au lieu de cette activité et de
cette énergie dont l'amiral lui donnait
l'exemple, il s'abandonna à la mollesse,
il adopta jusqu'aux usages de l'Asie, se
tint renfermé sous ses tentes ; et, invisible
pour son armée, il ne fut plus accessible
qu'à ses courtisans et à ses flatteurs.

Laissons ce général suivre un faux système de conduite, nous le retrouverons
bientôt sous les murs de Goudelour, où
l'aura conduit la suite de ses opérations
militaires, et retournons à M. de Suffren.

Les chantiers de nos grands ports n'of-
frent pas une activité pareille à celle qu'on
voyait régner dans la baie de Trinquemalé. A mesure qu'un vaisseau était ré-

paré, il allait mouiller dans l'arrière-baie pour se mettre en appareillage. Cinq seulement y étaient déjà rendus, lorsque l'escadre anglaise, qui était sortie de Madras le 1er mai, parut devant Trinquemalé le 24. Aussitôt M. de Suffren, dont le vaisseau était encore retenu dans le port, passe sur l'un de ceux qui se trouvaient dans l'arrière-baie, et les fait embosser. Arrivé par le travers de la baie, l'amiral Hughes fit mettre en panne ; mais voyant la contenance de l'escadre française, disposée à virer sur ses embossures, et protégée d'ailleurs par une forte batterie placée sur la montagne de la Découverte, il laissa arriver et continua sa route vers le sud.

Dans l'ignorance où était M. de Suffren de la destination de l'escadre anglaise, il dut craindre qu'elle ne tentât quelque opération sur Goudelour. M. de Bussy ne lui avait pas inspiré une grande confiance; et sans douter de sa bravoure personnelle,

les plans qu'il lui avait développés lors
de leur première entrevue, et surtout le
système de guerre défensive qu'il paraissait résolu de suivre; n'avaient pas obtenu
son approbation. L'amiral était dans cette
incertitude lorsque des lettres de ce général, hasardées sur un bateau qui avait
passé de nuit au milieu de l'escadre anglaise, vinrent confirmer ses craintes, et
lui apprendre la fâcheuse position dans
laquelle il se trouvait.

En effet, sir James Stuard, par des
manœuvres qui n'eussent peut-être pas
réussi en présence de tout autre général que M. de Bussy, avait acculé l'armée
française jusque sous les murs de Goudelour, et l'avait bientôt forcée de s'y ren-
fermer. L'escadre anglaise était venue
mouiller par le travers du camp du général Stuard, pour intercepter par mer tous
les secours qu'on aurait tenté de jeter
dans la place assiégée.

Dans cette situation, M. de Bussy invoquait les secours de l'amiral, mais il ne se dissimulait pas, disait-il, le danger qu'il y avait à essayer de venir le délivrer en présence de dix-huit vaisseaux de guerre, n'en ayant que quinze à leur opposer.

Cet obstacle n'en était pas un pour M. de Suffren, habitué à ne pas compter ses ennemis; sa résolution est bientôt prise, et il volera au secours de Goudelour.

Les réparations des vaisseaux étaient terminées; leurs équipages, affaiblis par les pertes et les maladies, furent augmentés de ceux des bâtimens de transport, et de quelques frégates qui avaient été désarmées, et l'escadre mit à la voile le 11 juin. Elle arriva, le 16, à la hauteur de Trinquebar. Les frégates signalèrent dix-huit vaisseaux de guerre, mouillés dans le sud de Goudelour. Aussitôt l'amiral appelle *la Cléopâtre* [1], passe à son bord, et s'a-

[1] Les derniers bâtimens arrivés d'Europe avaient apporté à M. de Suffren l'ordre de se conformer à une or-

vance pour reconnaître lui-même l'ennemi.

Le vent permettait d'arriver en ordre de bataille sur l'escadre anglaise. Celle-ci ne jugeant pas à propos de rester à l'ancre, appareilla ; en sorte qu'elle-même leva le blocus de Goudelour : elle ne devait plus le reprendre.

Il était déjà tard lorsqu'on avait aperçu l'ennemi ; il n'entrait pas dans le plan de M. de Suffren d'entamer un combat que l'approche de la nuit eût empêché d'être décisif ; aussi, lorsqu'il se vit à portée de canon de l'escadre anglaise, il fit tenir le vent à la sienne, et bientôt après il ordonna de virer vent devant, par la contre-marche. Les Anglais en firent autant.

donnance du roi, qui enjoignait à tous les commandans d'escadre de passer à bord d'une frégate, au moment d'un combat. L'affaire malheureuse du 12 avril 1782, où le comte de Grasse avait été fait prisonnier sur son vaisseau *la Ville de Paris*, avait nécessité cette ordonnance ; et peut-être était-elle plus ncéessaire pour M. de Suffren que pour tout autre, lui dont la prudence ne tempérait pas toujours assez l'audace qui formait la base de son caractère.

La nuit se passa en observation de part et d'autre, les deux escadres courant des bordées. Au jour, l'escadre française se trouva la plus rapprochée de terre. Celle des Anglais était au large. La brise déjà très-faible de l'ouest, tomba successivement; en sorte que, ne pouvant manœuvrer, M. de Suffren fit mouiller l'escadre dans la rade de Goudelour.

En forçant, pour ainsi dire, les Anglais à lui céder cette position, l'amiral acquérait un grand avantage, celui de pouvoir renforcer ses équipages avec des détachemens pris dans les troupes et parmi les Cypayes. Effectivement, on s'occupa pendant toute la nuit de l'embarquement de ces détachemens, qui montaient à environ douze cents hommes. Les officiers apprirent à M. de Suffren l'état de détresse où se trouvait l'armée, la joie que lui avait causée son arrivée, et l'espoir qu'elle mettait en son courage.

Le 18 au matin, l'escadre appareilla en

forçant de voiles ; elle avait le vent sur l'ennemi. On manœuvra toute la journée pour engager le combat, mais inutilement ; les Anglais profitèrent de l'avantage de leur marche pour l'éviter. Le lendemain, même manœuvre, avec aussi peu de réussite. M. de Suffren ne concevait pas que l'amiral Hughes, qui avait sur lui la supériorité du nombre, n'acceptât point un combat présenté avec tant d'insistance.

Combat de Goudelour, 20 juin 1783.

Le 20 juin, enfin, l'escadre française, après diverses manœuvres, se trouva plus près de l'ennemi que les jours précédens. Les vents, qui étaient toujours à l'ouest, lui donnaient l'avantage. Le général passa sur sa frégate, et fit aussitôt, suivant son usage, le signal d'approcher l'ennemi à portée de pistolet. A une heure après midi, la distance entre les deux armées était telle que l'amiral Hughes ne pouvait plus éviter le combat. Il fit cependant encore divers viremens de bord, pour essayer de gagner le vent ; mais n'ayant pu y réussir, il mit en panne bâbord amures, et fit serrer sa ligne, qui était ainsi disposée :

AVANT-GARDE.

La Défense,	de 74 canons.
L'Isis,	50.
Le Gibraltar,	80.
L'Inflexible,	64.
L'Excester,	id.

CORPS DE BATAILLE.

Le Worcester,	64.
L'Africa,	id.
Le Sultan,	74.
Le Superbe,	id., monté par l'amiral Hughes.
Le Monarch,	70.
Le Durford,	id.
Le Sceptre,	64.

ARRIÈRE-GARDE.

Le Magnanime,	64.

L'*Eagle*,   64 canons.
Le *Héros*,   74.
Le *Bristol*,   50.
Le *Montmouth*,   64.
Le *Cumberland*,   74.

L'escadre française arrivait sur les Anglais, dans l'ordre de bataille suivant :

AVANT-GARDE.

Le *Sphinx*,   de 64.
Le *Brillant*,   id.
Le *Fendant*,   74.
Le *Flamand*,   50.
L'*Ajax*,   64.

CORPS DE BATAILLE.

L'*Annibal anglais*, 50.
L'*Argonaute*,   74.
Le *Héros*,   id.
L'*Illustre*,   id.
Le *Saint-Michel*,   60.

ARRIÈRE-GARDE.

Le *Vengeur*,   64.
Le *Sévère*,   id.

L'Annibal,   74 canons.
Le Hardi,   64.
L'Artésien,   *id.*

Ce ne fut qu'à trois heures et demie que le combat s'engagea. M. de Suffren, à bord de *la Cléopâtre,* parcourait la ligne, donnant ses ordres à tous les vaisseaux, mais n'ayant besoin d'en stimuler aucun, car tous combattaient vaillamment; surtout l'avant-garde, qui dans cette journée soutint le plus grand effort de l'ennemi.

L'action durait depuis une heure, lorsque le feu se manifesta dans la hune d'artimon du vaisseau *le Fendant. Le Flamand,* qui le suivait, s'approcha pour le couvrir, et lui donner le temps de remédier à cet accident. Pendant qu'il exécutait cette manœuvre, *le Gibraltar* tenta de couper la ligne, dans l'espace que *le Flamand* venait de laisser libre; mais celui-ci faisant aussitôt une forte arrivée, lui envoya toute sa volée, et le força à se retirer dans sa ligne, en mettant tout à culer.

On continuait à combattre avec vigueur de part et d'autre, mais le feu de l'escadre française, mieux nourri et plus vif, forçait, de temps en temps, les vaisseaux ennemis à laisser arriver.

L'ardeur des équipages était telle, que la nuit qui survint put à peine faire cesser le combat. Les canonniers épiaient la lueur des feux à bord des Anglais, pour diriger leurs coups; et l'on eut beaucoup de peine à les arracher de leurs pièces, lorsque l'ordre de cesser le feu eut été donné.

Ce combat, qui dura environ deux heures et demie, ne causa pas de grands dommages à l'une ni à l'autre escadre. *Le Flamand* seul fut très-maltraité; outre son capitaine, qui avait été tué dès le commencement de l'action, il perdit environ cent hommes.

L'intention de M. de Suffren étant de recommencer le combat aussitôt que le jour paraîtrait, les frégates parcoururent

la ligne, en recommandant à chaque vaisseau de tâcher de ne point perdre l'ennemi de vue, et de rester en branle-bas.
On vit distinctement ses feux pendant
les premières heures de la nuit, mais ensuite ils disparurent.

Le lendemain matin, l'escadre, qui avait
été entraînée par les courans, se trouva
sous le vent de Pondichéri. L'amiral ne
voulant pas s'éloigner de Goudelour, fit
le signal de mouiller sur une petite ancre.
A midi, *le Coventry* signala les Anglais
au sud-est, à environ cinq lieues. Les
vents leur étant favorables, M. de Suffren
ne doutait pas qu'ils ne fissent porter sur
lui, et il était prêt à mettre sous voiles
pour aller au-devant d'eux ; mais il les
attendit vainement.

L'escadre passa la journée et la nuit
du 25 à l'ancre ; le lendemain, au point
du jour, elle se disposait à appareiller,
lorsqu'on aperçut les Anglais faisant route
au N.-N.-O. sans ordre. L'amiral Hughes

ne s'attendait pas sans doute à se trouver si près de l'escadre française; cependant dès qu'il put la distinguer, il tint le vent. M. de Suffren, qui ne désirait rien tant que d'engager une nouvelle action, fit aussitôt le signal de lever l'ancre, et successivement de former la ligne de combat, en approchant l'ennemi. L'escadre fut sous voiles en un instant; mais les Anglais, loin de seconder les désirs de l'amiral, laissèrent arriver, et forcèrent de voiles en dirigeant leur route sur Madras, où ils se réfugièrent. La supériorité de leur marche ne laissait à M. de Suffren aucun espoir de les atteindre, s'il se mettait à leur poursuite; et ne voulant pas perdre de vue Goudelour, il ordonna de tenir le vent, et revint mouiller dans cette rade le lendemain matin.

Quoique ce dernier engagement n'ait rien produit de décisif, il n'est pas moins glorieux pour le bailli de Suffren d'être venu attaquer une armée supérieure à la sienne, de l'avoir forcée de quitter sa position, de lever le blocus de Goudelour, et d'accepter un combat qu'elle aurait dû présenter elle-même. Mais pour un homme qui croyait n'avoir rien fait tant qu'il restait quelque chose à faire, ce n'était point assez que de rester maître du champ de bataille; il était venu pour secourir Goudelour, et il ne pouvait être satisfait que lorsque cette place serait entièrement délivrée.

On se figurerait difficilement la joie de l'armée assiégée, lorsqu'au lever du soleil, ses yeux fatigués depuis si long-temps de l'aspect des couleurs ennemies, purent contempler le pavillon blanc, auquel la valeur de M. de Suffren venait de donner, en quelque sorte, un nouvel éclat; l'ivresse était à son comble. On accourt sur le rivage; l'armée entière, oubliant que l'ennemi est sous les murs de la place, n'a plus qu'une seule pensée, qu'un seul désir, celui de voir l'amiral.

Il paraît enfin, il vient conférer avec le général, sur les moyens de faire lever le siége, et lui offrir de disposer de ses troupes et de ses équipages. M. de Bussy l'attendait sur la plage avec son état-major : *Voilà notre sauveur,* dit ce général en le présentant à tous les officiers de l'armée. Alors les cris de joie se renouvellent, l'air en retentit, et l'écho put les porter jusque dans le camp ennemi.

M. de Suffren étonné, et ne concevant pas ce qui pouvait donner lieu à un pareil enthousiasme, se trouve tout à coup enlevé de terre, et transporté dans un palanquin. Les soldats veulent ravir aux noirs chargés de cet emploi, l'honneur de le porter; il s'y oppose; mais malgré ses refus et sa résistance, il fait une entrée triomphale dans Goudelour, au milieu des transports d'allégresse de l'armée et des habitans.

A son arrivée à terre, le conseil s'assembla; l'amiral, en remettant les troupes qui lui avaient été fournies quelques jours auparavant, propose d'y joindre un corps de matelots, formé de détachemens pris à bord de chaque vaisseau, et commandés par des officiers de la marine. Ce secours fut accepté, mais il devait être inutile.

Sir James Stuard, soit que la présence de M. de Suffren eût fait sur lui l'effet de la tête de Méduse, soit que privé des secours que pouvait lui fournir l'escadre anglaise, il désespérât d'emporter désormais la place; demeura dans l'inaction. On eût cru qu'une suspension d'armes existait entre les assiégés et les assiégeans, si quelques coups de canon, tirés de loin en loin, n'eussent rappelé que Goudelour était en état de siége.

M. de Suffren, retourné à bord de son vaisseau, attendait l'issue des événemens, lorsque, le 29 juin, à la chute du jour, une frégate anglaise fut aperçue portant pavillon parlementaire. Elle mouilla, quel-

ques momens après, au milieu de l'escadre. Sir Édouard Hughes faisait proposer
à l'amiral, et à M. de Bussy, de cesser les
hostilités ; en leur annonçant que des avis
certains, venus par la caravane, lui avaient
appris que les préliminaires de la paix
avaient été signés à Versailles, le 9 février
1783 [1]. M. de Suffren acquiesça, pour ce
qui le concernait, à la proposition qui
lui était faite. Une frégate fut chargée,
immédiatement, de parcourir l'escadre,
pour annoncer cette nouvelle à tous les
bâtimens qui la composaient. Le silence de
la nuit fut interrompu par les cris, mille
fois répétés, de *vive le Roi !* auxquels on
mêlait, avec enthousiasme, le nom du
chef qui venait de soutenir avec tant de
gloire l'honneur du pavillon français.

M. de Suffren se disposait à appareiller pour conduire l'escadre à Trinquemalé, où il savait qu'un convoi l'attendait

---

[1] Voir la lettre de l'amiral Hughes au bailli de Suffren, *Pièces justificatives*, n°. 5.

pour la ravitailler, lorsque, le 25 juillet, la frégate *la Surveillante* arriva d'Europe, apportant la nouvelle officielle de la conclusion de la paix, et les ordres de la cour relativement à l'escadre.

D'après ces ordres, cinq vaisseaux et deux frégates étaient destinés à rester dans l'Inde, sous le commandement de M. de Peynier. L'amiral appareilla avec les autres, pour opérer son retour en France. On relâcha au cap de Bonne-Espérance. M. de Suffren y était depuis quelques jours, lorsque l'escadre anglaise vint y relâcher aussi. Les vents ne lui étant pas favorables, elle eut quelques bords à courir pour gagner le mouillage. Le coup d'œil de l'amiral était si sûr et si exercé, qu'observant la manœuvre d'un des vaisseaux de cette escadre, il annonça qu'il allait se perdre infailliblement, et ordonna, à l'instant même, de faire le signal de tenir les chaloupes prêtes à porter secours à un bâtiment en danger. En effet, peu de momens après, le vaisseau anglais fit côte. On y vola de toutes parts, mais les chaloupes françaises arrivèrent les premières, et, pour l'observateur même indifférent, ce n'eût pas été un spectacle ni peu singulier, ni peu touchant, que de voir ces deux escadres, naguère si acharnées à leur destruction réciproque, rivalisant désormais d'obligeance, et se prodiguant les soins les plus empressés.

Pendant son séjour au cap de Bonne-Espérance, M. de Suffren, instruit de l'état de détresse où se trouvait le trésor de la colonie, et par suite, du dénûment des troupes qui en composaient la garnison, fit verser dans la caisse du payeur une somme de 22,000 piastres fortes (environ 130,000 fr.), provenant de la vente des prises faites dans l'Inde par son escadre [1].

Le 26 mars 1784, le bailli de Suffren

[1] Voir la lettre de M. Percheron, intendant du Cap, *Pièces justificatives*, n° 6.

opéra son retour à Toulon, après une absence d'environ trois ans.

Les honneurs l'attendaient dans sa patrie : ses concitoyens le reçurent avec enthousiasme ; les états de Provence firent frapper une médaille à son effigie, avec cette inscription :

LE CAP PROTÉGÉ;

TRINQUEMALÉ PRIS;

GOUDELOUR DÉLIVRÉ;

L'INDE DÉFENDUE;

SIX COMBATS GLORIEUX.

LES ÉTATS DE PROVENCE

ONT DÉCERNÉ

CETTE MÉDAILLE.

MDCCLXXXIV.

Jamais ni les Turenne, ni les Condé, ni même le maréchal de Saxe, ne reçurent, au retour de leurs campagnes, un accueil plus honorable, et en même temps plus flatteur que celui qui fut fait à

M. de Suffren à son arrivée à Versailles. En entrant dans la salle des gardes, le maréchal de Castries, alors ministre de la marine, dit : « *Messieurs, c'est M. de Suffren.* » A ces mots, les gardes du corps se levèrent, et, quittant leur mousqueton, lui formèrent un cortége jusqu'à la chambre du roi.

Louis XVI l'entretint pendant plusieurs heures, et l'amiral fut étonné des détails dans lesquels ce monarque entra avec lui sur ses campagnes, ses opérations dans l'Inde, et surtout sur ses combats. Monsieur, (aujourd'hui Louis XVIII) qui avait eu occasion de connaître M. de Suffren lors de son voyage à Toulon, l'embrassa devant toute la cour, et le tint pendant quelques instans serré dans ses bras. La reine voulut le conduire elle-même chez M. le Dauphin, et, en le présentant à ce prince, elle lui dit : « *Mon fils, voici M. de Suffren; apprenez de bonne heure à enten-*

dre prononcer et à prononcer *vous-même le nom des héros défenseurs de leur pays.* » Madame la comtesse d'Artois, qui était malade à cette époque, et ne recevait personne, voulut cependant faire une exception en faveur de l'amiral. Monseigneur le duc d'Angoulême était occupé de ses études, lorsque M. de Suffren entra chez lui. Ce prince se leva, et, en s'avançant, il lui dit : « *Je lisais en ce moment même l'histoire des hommes illustres, mais je quitte mon livre avec plaisir, puisque j'en vois un* [1]. »

Les récompenses du souverain vinrent aussi honorer M. de Suffren. Le roi le nomma chevalier de ses ordres, et lui accorda les entrées de sa chambre. Une quatrième charge de vice-amiral fut créée en sa faveur, et l'ordonnance portait qu'étant uniquement érigée pour lui, elle serait supprimée à son décès.

Les hautes classes de la société s'em-

---

[1] *Mémoires de Bachaumont,* année 1784.

pressèrent aussi, à l'envi, de lui faire l'accueil le plus honorable. Il ne pouvait paraître au spectacle, ni dans aucun lieu public, sans que la foule empressée ne lui témoignât, par ses acclamations, l'estime et l'admiration qu'inspirait son nom, illustré par tant et de si beaux faits d'armes. Étant un jour à un dîner chez le ministre de la marine, où entre autres personnages éminens se trouvait le comte d'Estaing, un des convives appela ce dernier général. « *Messieurs,* dit le comte en désignant M. de Suffren, *voici le seul général qu'il y ait ici.* »

Au mois d'octobre 1787, quelques difficultés qui s'étaient élevées entre la France et l'Angleterre ayant fait craindre une guerre nouvelle, le roi ordonna l'armement d'une armée navale au port de Brest, et, en désignant le bailli de Suffren pour en prendre le commandement, Sa Majesté lui donna en même temps le choix des capitaines qui devaient servir sous ses ordres. Il se disposait à se rendre en ce port, lorsqu'il fut atteint d'une maladie grave qui vint mettre obstacle à son zèle. Les soins qui lui furent prodigués le tirèrent du danger qui menaçait sa vie ; il se rétablit bientôt ; mais, depuis ce moment, sa santé fut toujours chancelante. Sa constitution, quoique très-forte, était affaiblie par les fatigues de sa dernière campagne ; et il mourut à Paris le 8 décembre 1788.

M. de Suffren était d'une taille ordinaire, mais d'un embonpoint extrême. La régularité de ses traits donnait à sa physionomie un aspect noble et gracieux. Ses manières, aisées et polies avec ses égaux, devenaient douces et affectueuses pour ses inférieurs. Personne n'était plus affable ni plus simple que lui ; on l'a vu souvent s'entretenir familièrement avec ses matelots ; aussi la confiance qu'il était parvenu à leur inspirer allait-elle jusqu'à l'enthousiasme.

A un sang-froid imperturbable dans
l'action, le bailli de Suffren joignait une
activité et une ardeur extrêmes. C'était
un de ces êtres rares que la nature a rendus propres à tout. Habile à juger les
hommes et à les apprécier, il les employait
toujours de manière à faire ressortir leurs
talens et leurs connaissances, et à en tirer
le parti le plus avantageux. Courageux
et brave, même jusqu'à la témérité, il
était d'une rigueur inflexible pour les
officiers chez lesquels il croyait remarquer de la faiblesse ou de la lâcheté ; et
ni le rang, ni les liens de l'amitié, pas
même ceux du sang, ne pouvaient tempé-
rer sa sévérité, lorsqu'il s'agissait de
fautes contre l'honneur ou contre la
discipline.

M. de Suffren alliait à une grande élé-
vation de caractère des connaissances
très-étendues et une vivacité d'esprit
et de jugement qui lui faisaient apercevoir immédiatement toutes les chances

avantageuses ou désavantageuses que pouvaient lui offrir les circonstances et les événemens. En un mot, il réunissait dans sa personne toutes les qualités qui font le guerrier illustre, le marin expérimenté et l'homme estimable. Ceux qui l'ont connu, et surtout les officiers qui ont servi sous ses ordres, ne prononcent encore aujourd'hui son nom qu'avec un sentiment de respect et d'admiration.

PIÈCES JUSTIFICATIVES.

PIÈCES JUSTIFICATIVES.

N° I.

*Ordre donné par M. le comte d'Estaing, à
M. le chevalier de Suffren.*

M. LE CHEVALIER DE SUFFREN appareillera le
plus tôt qui lui sera possible, avec les vaisseaux *l'Artésien* et *la Provence*, et avec les
frégates *la Fortunée*, *la Blanche* et *la Chimère*,
pour aller mouiller devant l'embouchure de
Savannah, à la distance de terre qui lui sera
indiquée par les pilotes pratiques. Il tâchera,
par le relevement de son mouillage, de bloquer dès actuellement tous les bâtimens anglais qui sont dans la rivière de Cok-Pur; il
mouillera aussi près de terre qu'il pourra
le faire sans danger, et il fera mouiller les
frégates plus près de terre que les vaisseaux. L'objet du moment est d'empêcher
de sortir. Lorsque l'escadre sera réunie, on

pourra faire rapprocher du lieu de la descente les vaisseaux et les frégates, qui ser-
viront alors à déposer des troupes. Il sera
utile de s'assurer promptement du fond, et
de constater, par des sondes réitérées, les
connaissances, toujours très-douteuses, des
pilotes américains. Toute l'escadre suivra au
moment même que le gouvernail du *Réfléchi*
permettra de le faire. J'espère que ce sera
aujourd'hui.

A bord du Languedoc, le 7 septembre 1779.

Signé ESTAING.

Nº III.

Mémoire sur la nécessité de doubler en cuivre les vaisseaux du Roi.

Depuis que les Anglais ont doublé en cuivre quantité de vaisseaux, et qu'ils continuent à les doubler avec tant d'activité qu'ils le seront tous dans peu, l'opération de doubler les nôtres ne doit point être regardée simplement comme avantageuse, elle est d'une nécessité absolue. Sans cela, lorsqu'ils seront les plus forts, ils seront sûrs de joindre; et lorsqu'ils seront faibles, de nous éviter. Leurs armemens seront plus prompts, leurs vaisseaux pourront être plus long-temps aux îles, nous ne pourrons occuper aucune croisière avec avantage; tandis qu'eux, même avec des forces inférieures, désoleront notre commerce. On voit dans les relations de l'amiral Rodney, avec quelle confiance il envoie trois vaisseaux dans la Méditerranée, avec quelle témérité il en fait croiser devant le fort Royal où nous en avions vingt-cinq. Sans les vaisseaux doublés, vu l'approche de la nuit et le mauvais temps, Langara aurait pu échapper; *le Pro- thée* doublé n'aurait pas été pris. Ces ré- flexions, qu'il est impossible à un marin de ne pas faire, m'ont affecté sensiblement, en voyant échapper l'escorte du convoi que l'ar- mée combinée vient de prendre. Si *le Zélé* eût été doublé, il aurait joint et attaqué *le Ramillies*. Dans ma croisière précédente, j'aurais pris cinq corsaires que j'ai chassés, et un convoi très-riche, allant de Londres à Lisbonne, que j'ai manqué, pour avoir chassé seize heures un corsaire qui m'a éloigné de vingt-cinq lieues de la croisière que j'avais établie du cap La Roque aux Barlingues. Enfin, l'audace avec laquelle le commodore Johnston croise, avec un cinquante ca- nons et quelques frégates, entouré de cin- quante vaisseaux de guerre, est une bien forte preuve de ce que je viens d'avancer.

Il paraît, par les efforts qu'on a faits pour doubler plusieurs frégates et quelques vais- seaux, qu'on a senti l'importance de cette opération; ainsi, on ne s'occupera dans ce mémoire que des moyens de doubler promptement tous, ou presque tous les bâtimens du Roi.

Il ne peut y avoir que deux obstacles : 1° le manque d'argent; 2° le manque de matière ouvrée, et peut-être même non ouvrée.

Quant au premier, l'importance de la chose doit l'emporter sur toute autre considération. Si on ne peut augmenter les fonds pour cet objet, qui serait de 7 à 8 millions, il vaudrait encore mieux diminuer les armemens, suspendre les constructions, laisser des paiemens en arrière : mais un meilleur moyen, et infiniment plus avantageux, est un emprunt dont on assignerait l'intérêt et l'amortissement sur le tiers réservé à la caisse des invalides, des prises faites par les vaisseaux doublés; et à la paix, sur les fonds de la marine. En faisant croiser sur les côtes d'Angleterre, on ferait des prises immenses, et les corsaires seraient bientôt détruits.

Pour accélérer ce travail, dont la nécessité n'est que trop démontrée; il faut travailler dans les trois grands ports; et en même temps au Port-Louis et à Marseille, où l'on peut envoyer les frégates et les corvettes. Il faut en conséquence destiner les vaisseaux et autres bâtimens pour chacun des ports, où l'on aura la matière et les ouvriers. Voici les moyens qu'on emploiera à Toulon. Il y a en Provence deux ou trois martinets à rafiner et laminer le cuivre qui ne travaillent que peu. Le Roi les prendrait et les donnerait à des entrepreneurs pour y faire travailler avec célérité, et multiplier les fonderies, marteaux, engins, etc.

On emploiera à cet usage la forge qui est à Ardenne, près de Toulon. On pourra aisément établir d'autres martinets sur la petite rivière de *Gapeau*, qui n'est qu'à trois lieues de Toulon ; et sur l'*Envaune*, qui est près de Marseille. Quant au cuivre, on peut en tirer de toutes les places de commerce, Gênes, Livourne, Naples, Venise, qui en tirent des mines du Frioul, Constantinople, où il y en a immensément, Smyrne, etc.

Il y a des mines de cuivre en Vivarais et en Auvergne ; il n'y manque pas de positions pour y établir des martinets, supposé qu'il n'y en eût pas ; et par la Loire, on ferait passer aisément les matières ouvrées à Nantes, et de là à Brest. Les mines du Bigorre peuvent fournir le port de Rochefort.

Si l'on trouve qu'il soit plus expédient de faire venir du cuivre ouvré d'Hollande, il faut se servir des frégates doublées et armées en flûte, qui, n'ayant d'autre mission et marchant bien, éviteraient les croiseurs ennemis. On doit observer qu'il n'y a point d'endroit dans le royaume d'où l'on ne puisse faire transporter dans un des trois grands ports pour quinze francs par quintal; la matière étant chère par elle-même, les frais de voiture deviennent un petit objet.

On trouvera aisément au contrôle général l'état des mines du royaume; des engins, etc. Elles ne peuvent fournir toutes les places de commerce; le Levant, l'Allemagne, en peuvent fournir plus ou moins.

* On ne doit rien négliger pour engager nos alliés à faire de même; ils marchent si mal en général, qu'il est vraiment impossible de faire la guerre avec eux, avec quelque espérance de succès. Dans ce moment, nous

* *Nota.* Cette partie du mémoire est écrite tout entière de la main de M. de Suffren.

sommes vingt-sept vaisseaux ; si l'amiral anglais, qui en a trente-six, venait dans ces
mers, il conviendrait de manœuvrer de façon
à éviter le combat, tâcher de le réduire à
une canonnade, et profiter de la première
circonstance favorable pour se retirer avec
honneur. Cela ne serait point impossible si
la marche des deux armées était à peu près
égale ; mais dans le cas présent, presque tous
les vaisseaux anglais étant doublés en cuivre,
plusieurs de notre armée carénés depuis un,
deux et trois ans, nous serions joints de très-
près ; et les Anglais étant fort supérieurs en
nombre et en forces, notre armée courrait
les plus grands risques. Jugez si l'objet mérite considération ; et s'il était mis sous les
yeux du conseil du Roi, pourrait-il y avoir
deux avis ? Je sens que j'en dis trop ; mais
l'importance majeure d'une opération qui
peut accélérer la paix, la faire faire glorieuse,
mérite votre indulgence, et je finis, crainte
d'en abuser.

No IV.

A M. Rochard, médecin en chef de l'armée.

A bord du *Héros*, ce 10 février 1783; en rade
de Goudelour.

J'ai été ce matin, Monsieur, voir notre hôpital; j'aurais bien désiré vous y trouver. J'ai remarqué que les malades étaient assez bien: j'ai même vu que leur ration était plutôt plus forte que trop faible; mais je vous avouerai que votre chirurgien-major m'a paru aimer un peu trop à couper; et comme la plupart de ce qu'ils appellent blessures ne sont que des ulcères dépendant d'un vice scorbutique ou autre, il me semble que ces malades ne devraient être traités que par vous, et le chirurgien ne panser et n'opérer que selon vos ordonnances. Je crois que vous êtes trop bien intentionné pour ne pas faire céder ces petits égards d'état au bien des malades. Je désirerais aussi que nos malades fussent plus séparés selon leurs maladies. Un scorbutique, qui n'a point la fièvre, est très-mal entre deux malades qui, non-seulement l'ont, mais de plus ont une dyssenterie épidémique. Au reste, comme vous avez plus d'expérience que moi dans ces sortes de choses, je soumets mes vues aux vôtres.

J'ai l'honneur d'être respectueusement, Monsieur, votre très-humble et très-obéissant serviteur,

Signé, le chevalier DE SUFFREN.

Nº V.

Ed. Hughes, amiral de l'escadre de Sa Majesté Britannique ;

A M. le Bailli de Suffren, chevalier grand'-croix de l'ordre de Saint-Jean-de-Jérusalem, amiral et commandant les forces navales de S. M. Très-Chrétienne, dans les Indes.

Madras, le 25 juin 1783.

Monsieur, à mon arrivée dans cette rade avec l'escadre de S. M. Britannique, qui est sous mes ordres, j'ai reçu des instructions authentiques par lesquelles il me paraît certain que les articles préliminaires de la paix entre la Grande-Bretagne, la France et l'Espagne, ainsi qu'avec les Américains, ont été signés par les ministres plénipotentiaires de Versailles, le 20 janvier, et ratifiés en France le 9 février suivant. Je prends donc la liberté de vous adresser cet avis, qui doit nous porter à faire cesser toute hostilité entre les sujets de la Grande-Bretagne et de la France, à commencer au 9 juillet. Je suis persuadé que Votre Excellence rendra justice à mon caractère d'officier qui a toujours conservé dans son cœur les principes d'humanité, et qui vous manifeste sa résolution actuelle. En conséquence, il ne me reste qu'à prier Votre Excellence, après avoir réfléchi sur mon paquet, de me mander franchement, et le plus tôt possible, si elle veut continuer de dévaster ces mers; sur quoi j'attends une réponse claire et décisive.

Le sieur Goiverd, capitaine de *la Médée*, frégate de S. M. Britannique, aura l'honneur de vous remettre mon paquet, sous l'auspice du pavillon de vérité; en cas qu'il ne vous rencontre pas, il est chargé de le remettre à M. le marquis de Bussy, pour vous le faire tenir, parce qu'il est de notre devoir, comme officiers de nos souverains respectifs, de faire cesser toute hostilité. J'espère trouver un ami dans Votre Excellence, et j'ai l'honneur d'être, avec le plus profond respect, Monsieur, votre très-humble et très-obéissant serviteur,

Signé, E. Hughes.

N° VI.

A M. le maréchal de Castries, ministre secrétaire d'état de la marine.

Au Cap de Bonne-Espérance, le 2 janvier 1784.

Monseigneur,

Par un arrangement utile au service du Roi dans cette colonie, M. le bailli de Suffren a bien voulu donner ordre qu'on versât dans la caisse du Cap une somme de 21,974 piastres, qui proviennent des prises que son escadre a faites dans l'Inde.

La piastre a été passée, ainsi que vous le verrez par le reçu ci-joint, au prix de 6 livres, quoique sa valeur y ait cours pour 6 livres 5 sols ; mais M. le bailli de Suffren, qui ne se dément jamais sur rien, n'a pas voulu que la valeur en soit portée plus haut.

Je fais recette, Monseigneur, de cette somme, que je conserve pour payer les avances au régiment de Pondichéri, lorsqu'il

s'embarquera ; ce sera toujours une charge
de moins pour le Roi.

Je suis, avec un profond respect, Monseigneur, votre très-humble et très-obéissant
serviteur,

Signé, PERCHERON.

Nº VII.

*Note extraite de la correspondance astrono-
mique du baron de Zach* (décembre 1819).

La famille de Suffren n'est proprement
point originaire de la ville d'Arles, mais à six
lieues de là, de la ville de Salon, où elle existe
encore. A notre passage par cette dernière
ville, nous eûmes le plaisir d'y faire la connaissance personnelle d'un digne membre de
cette illustre famille, M. Palamède de Suffren,
neveu du célèbre Bailli de Suffren, qui cultive
les sciences, et surtout la botanique et l'agri-
culture, avec une intelligence et avec un succès peu ordinaires. A ces vastes connaissances
théoriques et pratiques en cette partie, M. de
Suffren ajoute un talent tout particulier pour
dessiner et pour peindre d'après nature. Il
nous fit voir ses superbes dessins coloriés de
plus de cent cinquante espèces, ou variétés
différentes de figues qui viennent en Provence ; et qu'il a peintes avec un art, une
vérité vraiment étonnante. Il a composé un

grand ouvrage sur cet arbre et sur ce fruit, qu'il se propose de publier. Malgré les nombreuses recherches de Duhamel, de Bernard, et autres botanistes, sur ce fruit, un très-grand nombre de variétés leur avaient échappé, et n'avaient jamais été ni décrites, ni figurées. Leur nomenclature et synonymie présentait une grande confusion, et il n'y avait pas de canton, pas de village qui n'offrît à M. de Suffren des arbres, des fruits, ou du moins des noms nouveaux. Non content d'avoir étudié cette production de la nature en France, pour donner là dernière perfection à l'histoire d'un des arbres les plus intéressans du midi de l'Europe, M. de Suffren voulait encore connaître ceux qu'on cultive sur les côtes de l'Italie : il était sur le point de les parcourir. Nous ignorons, depuis que nous avons quitté la France, en 1811, quels ont été les succès de ses travaux, et si son ouvrage a paru. Très-certainement, si ce succès n'a dépendu que de ses connaissances et de son zèle, il doit avoir été complet; mais nous craignons bien que les changemens survenus depuis lors en France n'aient mis des obstacles à l'exécution d'un ouvrage dispendieux, et qui demande des encouragemens que les gouvernemens seuls peuvent donner.

M. Palamède de Suffren a eu la bonté de nous conduire lui-même à l'hôtel-de-ville, voir le monument que la ville de Salon a consacré à la mémoire de son oncle. Ses concitoyens le lui ont fait ériger de son vivant, à son retour de ses étonnantes et valeureuses expéditions aux Indes. C'est une colonne de marbre de Carrare, surmontée de son buste, fait par Foucou, et sur laquelle est gravée l'inscription composée par l'Académie des Inscriptions et Belles-Lettres, à Paris, et que nous rapporterons ici, parce qu'on ne saurait trop répéter les belles actions des grands hommes, et qu'il est toujours bon et utile de les rappeler de temps en temps.

« Pierre-André de Suffren Saint-Tropez, « grand'croix de l'ordre de Saint-Jean de « Jérusalem, capitaine des vaisseaux du Roi, « sort de Brest le 22 mars 1781, sauve le « Cap de Bonne-Espérance, livre plusieurs « combats dans les mers de l'Inde; souvent « vainqueur, jamais vaincu, même avec des

« forces inférieures ; fait respecter les armes
« de la France, protége ses alliés, prend
« Trinquemalé, délivre Goudelour, répare,
« approvisionne ses vaisseaux, sans autre
« ressource que son génie : rappelé par la
« paix, arrive à Toulon le 26 mars 1784,
« reçoit de la nation de justes éloges, du Roi,
« le grade de vice-amiral et le cordon de ses
« ordres. La ville de Salon, berceau de ses
« ancêtres, lui a consacré ce monument. »

Étant en 1786 à Toulon, j'ai été sur le
vaisseau *la Couronne* [1], que montait M. de
Suffren lorsqu'il fit ses grands exploits dans
les mers des Indes. Ce vaisseau était alors
en réparation dans le fameux bassin de Gro-
gnard. J'étais jeune, plein de feu, rempli
d'enthousiasme pour ce héros, dont tout le
monde, surtout en Provence, sa patrie, par-
lait, vantait, exaltait, racontait les faits d'ar-

___

[1] C'est du vaisseau *le Héros*, que veut parler M. de
Zach, puisque M. de Suffren n'a jamais monté d'autre
vaisseau que celui-ci pendant toute sa campagne de
l'Inde. *La Couronne* était un vaisseau de 80, qui, dans
la guerre de 1778, fit successivement partie des escadres
de MM. Dorvilliers, de Guichen et de Grasse.

mes. Je me rappelle , après trente-quatre ans encore, avec quel plaisir , avec quel intérêt, avec quelles vives émotions j'ai parcouru cette forteresse de bois, sur laquelle s'étaient consommées tant et de si belles actions. Je n'étais plus à Toulon ce jour-là; j'étais à Ceylan, sur la côte de Coromandel, à Trinquemalé, à Goudelour, à Madras , à Pondichéri, etc. Si cette carcasse, en œuvres mortes et en radoub , a pu produire un tel effet sur un homme étranger à la gloire d'une nation, quels doivent être les transports d'un jeune garde-marine français qui parcourt ce même plancher qu'un Suffren avait arpenté de ses pas , en accomplissant ses hauts faits et gestes.

Salon, toute petite ville de cinq mille âmes, a cependant produit plusieurs grands hommes. Nous avons déjà parlé d'Adam de Craponne. Hozier, Suffren, Lamanon, étaient de cette ville. Le fameux médecin, astrologue, prophète, Michel Nostradamus, n'y a que son tombeau; il était natif de Saint-Remy, à cinq lieues de Salon, république considérable du temps des Romains, nommée *Glanum*, que

Clovis Ier, qui s'était fait baptiser par saint Remy, archevêque de Reims, en 496, et qui l'accompagna, en 5o1, dans un voyage en Provence, avait donnée à cet archevêque, duquel elle a pris son nom actuel, etc., etc.

CORRESPONDANCE

DU BAILLI DE SUFFREN

Avec le Nabab Haïder-Aly-Khan, *et* M. Piveron de Morlat, *envoyé français à la cour de ce prince.*

M. le Commandeur de Suffren.

Goudelour, le 22 septembre 1782.

Monsieur le général,

Je suis arrivé ici avant hier, envoyé par le Nabab, avec un lack de roupies pour notre armée, et chargé de sa part de parler à M. le comte d'Hoffelize de la nécesssité où il est d'aller chercher les lieux de fourrages pour sa cavalerie, et des moyens de maintenir Goudelour en état de défense pendant ce temps, avec assurance du prince de revenir sur les Anglais, s'ils entreprenaient une seconde fois de se porter sur Goudelour. Je pars aujourd'hui pour retourner auprès de lui.

Le Nabab, monsieur le Commandeur, me charge de vous donner avis qu'il a donné l'ordre à Vennagipandet de délivrer à M. Motais cinquante mille serres de riz, pour vous être envoyés à Trinquemalé. Il attend les mesures des boulets dont vous avez besoin, de la manière que je vous les ai demandés de sa part, par ma dernière lettre.

Veuillez bien, je vous prie aussi, avoir une correspondance fréquente avec ce prince; il est plus essentiel que jamais de l'entretenir dans ses heureuses dispositions pour nous, jusqu'à l'arrivée de M. de Bussy; car nos ennemis secrets dans son Dorbar, renouvellent tout ce qu'ils ont déjà fait pour l'en détourner. Ils ont été jusqu'à lui dire que tout ce qu'on lui avait annoncé de ce général était faux, qu'il ne devait arriver que dans un an, et que d'ici à ce temps il viendrait aux Anglais des forces considérables de terre et de mer, qui les rendraient supérieurs à nous des deux côtés. Votre apparition à la côte ferait un bien bon effet dans les circonstances.

Ci-joint, M. le Commandeur, une lettre de M. de Montigny. Il a envoyé ici deux per-

sonnes chargées de faire, à vous, et au général de terre, des ouvertures de la part des
Mahrattes. Il est bien nécessaire que ce dont
il s'agit se passe dans le plus grand secret,
et soit traité de manière à ne pas donner
d'ombrage à Haïder-Aly. Ces messieurs auraient bien désiré vous trouver ici, ils se
rendent à Trinquebar, sans passer à Goudelour, où ils trouveront M. de Launay.

Tipoù-Saheb a eu, en dernier lieu, un très-
grand avantage sur les Anglais, dans les environs de Trichenapaly; il leur a pris deux
mille Cipayes, quatre pièces de canon et
beaucoup de munitions, dans une place qu'ils
avaient évacuée subitement pour s'aller jeter
dans Trichenapaly.

Je suis, etc., etc.

Signé, Piveron de Morlat.

M. Piveron de Morlat.

A Trinquemalé, le 25 septembre 1782.

J'ai reçu, Monsieur, la lettre que vous
m'avez fait l'honneur de m'écrire le 13 sep-

13

tembre. Cette lettre, ainsi que celles que j'ai reçues de la côte, m'ont infiniment tranquillisé; si j'avais su les dispositions de Goudelour, les secours que le Nabab y avait fait passer, et sa disposition prochaine de marcher, j'aurais été encore plus tranquille. J'aurais bien eu envie de faire au Nabab un détail circonstancié de mon dernier combat; mais, en vérité, cela n'était point possible; et si je vous le faisais, vous approuveriez ma réticence à cet égard; vous savez que ma coutume est de vous écrire toutes les fois que j'expédie des dépêches pour le Nabab; mais j'étais si pressé et si fatigué, que je ne le pus pas. Offrir au Nabab de marcher avec lui était une chose très-bien faite; mais je crois que l'on avait mal fait d'insister sur cette proposition, et qu'il avait vu la chose mieux que nous, en la refusant. Le Nabab me demande, dans ses quatre lettres, des nouvelles de M. de Bussy, il m'embarrasse beaucoup, car je n'en sais aucunes. Les lettres du 27 juillet, en m'annonçant une occasion plus sûre, ne me disent rien; ce qui ne laisse pas que de m'embarrasser.

Je vais dans ce moment partir pour la côte, vous sentez bien que, vu la saison, je ne pourrai y être que bien peu ; je ne puis point avoir encore de projets fixes pour l'hivernage, il dépend des nouvelles et des circonstances qu'on ne peut prévoir ; cependant, le temps presse pour se décider. J'envoie au Nabab les mesures des calibres de boulets dont j'ai besoin, c'est à Goudelour que je désirerais qu'il me les fît rendre. La lettre que je lui écris maintenant n'est qu'une lettre de complimens ; je lui avais envoyé une petite caisse d'excellentes oranges de Bourbon ; comme il ne m'a pas répondu à ce sujet, j'ignore si ces petites attentions sont de son goût. Vous pouvez l'assurer que Trinquemalé restera muni de façon à demander une très-grande entreprise. Je me porte on ne peut mieux, la fatigue et le chagrin n'ont point pris sur ma santé. Ma blessure était une contusion à la jambe, qui n'a eu aucune suite. Agréez, je vous prie, les assurances du respectueux attachement avec lequel

J'ai l'honneur d'être, etc.

Signé, le chevalier DE SUFFREN.

P. S. Je désirerais que le Nabab donnât des ordres bien précis à Vennagi - Pandet, pour nous envoyer des bœufs et des moutons à Goudelour ; et il est d'autant plus nécessaire qu'on se dépêche, que je pars d'ici sans aucuns rafraîchissemens pour les malades.

Je joins ici la note des boulets dont j'ai besoin, et je vous envoie les calibres dans la forme que le Nabab les a demandés : pour le moment je n'ai pas besoin de 36. Mais si le Nabab avait la commodité d'en faire faire, cela pourrait nous servir pour l'avenir.

État des boulets dont l'escadre a besoin :

Calibre de 24	8,000
18	4,000
12	8,000
8	2,000
6	4,000
4	1,000

Il serait bon d'avoir cette quantité-là ; mais quand on ne l'aurait pas toute, on pourrait encore attendre le convoi.

M. le Commandeur DE SUFFREN.

Au camp du Nabab, près Chambargar,
le 3 octobre 1782.

MONSIEUR LE GÉNÉRAL,

J'ai reçu la lettre en date de Trinquemalé, le 25 septembre dernier, que vous m'avez fait l'honneur de m'écrire. Votre apparition à la côte va faire le meilleur effet; mais j'apprends, avec bien de la peine, que vous n'avez aucune nouvelle de M. de Bussy. L'arrivée de ce général à Ceylan a été annoncée au Nabab pour la mi-septembre; ce mois s'est écoulé en entier sans en entendre parler; il est infiniment inquiet, et ce retard lui fait prendre croyance à ce que je vous ai marqué dans ma dernière, qu'on lui avait écrit, c'est-à-dire que M. de Bussy ne devait arriver que dans un an, et que d'ici à ce temps il viendrait aux Anglais des forces considérables de terre et de mer, qui les rendraient supérieurs à nous des deux côtés. Je suis cependant parvenu à lui persuader que ce mensonge n'avait été ourdi que par nos ennemis, ou leurs fauteurs ; et en lui faisant entendre qu'on ne pouvait fixer un voyage de mer à quinze jours près, à raison des événemens de cet élément, j'ai persisté à lui dire qu'incessamment M. de Bussy arriverait à Ceylan, et que, d'un moment à l'autre, il en recevrait la nouvelle. Il est donc nécessaire, monsieur le Commandeur, que vous l'entreteniez souvent dans cette idée, car sa bonne volonté pour nous a besoin d'être soutenue. Il me disait encore dernièrement : « Depuis deux ans et demi que je « suis descendu sur cette province, j'ai perdu « vingt mille chevaux, beaucoup d'éléphans, « de chameaux, de bœufs, et une quantité « considérable de monde. J'ai dépensé des « sommes immenses. Mon armée est réduite « à rien, en comparaison de ce qu'elle était « d'abord. Mes troupes manquent de vivres, « et leur mécontentement est au point que je « crains d'en être désobéi à l'occasion, et « que je n'ose rien risquer contre les Anglais « avant l'arrivée de M. de Bussy. Si ce général « ne précède pas l'arrivée des forces anglaises,

« que résultera-t-il de ma persévérance à vous
« rester uni, malgré mille sollicitations con-
« traires qui me sont faites journellement?
« Cependant, j'ai donné ma parole aux Fran-
« çais d'être leur ami, je la tiendrai ; mais
« la fidélité que je mets à la garder m'est
« bien nuisible; vos troupes qui sont à Gou-
« delour sont si peu nombreuses, que je
« n'ose les perdre de vue, de crainte que les
« Anglais ne fassent contre elles quelque en-
« treprise vigoureuse à laquelle il leur serait
« difficile de résister, vu le mauvais état de
« cette place. Si je n'avais eu cette crainte,
« je me serais porté dans le nord de la côte,
« où, par les richesses que j'y aurais trouvées,
« je me serais récupéré de l'immensité de mes
« dépenses. D'un autre côté, mon pays est
« attaqué à la côte Malabar, jugez donc de ma
« perplexité. »

J'entrevois, monsieur le Commandeur, dans
le silence que vous gardez sur le détail de
votre dernier combat, des choses chagri-
nantes pour vous et le bien du service du
Roi; je prends beaucoup de part à la peine
que vous en avez éprouvée. L'escadre anglaise

est dans ce moment encore à Madras, dans le plus mauvais état. Ce qui le prouve, c'est le conseil qui a eu lieu à ce sujet, et dans lequel l'amiral Hughes a déclaré affirmativement qu'elle était hors d'état de tenir la mer pendant l'hiver, et que, vu la perte de Trinquemalé, il ne voyait aucun port pour se réfugier et se radouber, que Bombay. Le lord Macartney s'est fort opposé à ce dernier parti, en disant que si l'escadre quittait la côte dans ce moment, il fallait renoncer aux possessions anglaises dans cette partie, et qu'il valait mieux, au lieu de les abandonner, sacrifier les vaisseaux. Cependant l'avis de ce gouverneur prévaudra probablement, l'amiral se trouvant directement sous ses ordres et ceux du comité, et n'ayant que le droit de faire des représentations.

Le Nabab, monsieur le Commandeur, a donné des ordres précis à Vennagi-Pandet, de vous fournir, à votre arrivée à Goudelour, tous les bœufs, moutons, et la mantecque dont vous aurez besoin. Il y fera passer incessamment des légumes secs. Quant aux boulets, je lui en ai présenté les passe-balles, et l'état de la quantité que vous demandez. Il m'a dit que, dans ce moment, il ne pourrait pas le remplir en totalité aussi promptement que vous le désirez, mais qu'il vous en enverrait à Goudelour autant qu'il pourrait, et vous ferait venir le reste de son pays, ce qui ne pourrait pas avoir lieu sur-le-champ. Il en fera faire également de 36, par la suite. Les oranges de Bourbon, que vous avez envoyées au prince, lui ont fait tellement plaisir, qu'il vous en a envoyé, en échange, une caisse de Cheringapatnam; en me faisant goûter alors des deux espèces, et remarquer que celles de son pays étaient plus douces et plus belles que celles de Bourbon.

Le bon état où je lui ai dit, de votre part, que vous avez laissé Trinquemalé, l'a beaucoup intéressé, dans la conviction où il est de l'importance qu'il y a de nous conserver cette place.

Je suis, etc.

Signé PIVERON DE MORLAT.

M. Piveron de Morlat.

Devant Goudelour, le 6 octobre 1782.

J'ai reçu, Monsieur, les lettres que vous m'avez fait l'honneur de m'écrire, et je suis trop accablé d'affaires pour répondre avec le détail que cela exigerait. Je sens combien vous devez avoir d'inquiétudes ; elles ne peuvent finir qu'à l'arrivée de M. de Bussy. Je vois combien vous aurez de peine à avoir de l'argent, et avec quelle chaleur on vous en demandera ; je ne puis, dans ce moment-ci, que vous exhorter à la patience ; pour moi, je suis obligé de quitter la côte, à cause de l'approche de la mauvaise saison. Je reviendrai le plus tôt que je pourrai, si cela dépend de moi ; car une fois joint à M. le marquis de Bussy, ce sera lui qui décidera des opérations de l'escadre. Je vous envoie un petit mémoire des mâts que je prie le Nabab de me faire couper ; il sera toujours bon qu'ils le soient, malgré l'incertitude où je suis de l'instant où je pourrai aller les prendre.

J'ai l'honneur d'être , etc.

Signé le chevalier DE SUFFREN.

P. S. Vu la saison, M. de Bussy ne pourra arriver que par le nord. Si nous hivernons à la côte de l'est, on peut, dès le mois de janvier, attaquer les provinces au nord de Madras; et si l'escadre anglaise a quitté la côte, entreprendre le siége de Madras avant son arrivée. Madras attaqué par le sud, par la petite armée de Goudelour; par le nord, par celle de M. de Bussy; et à l'ouest, par celle du Nabab, avec l'artillerie immense que nous avons, peut être réduit dans vingt-cinq jours. Ne dites de cela au Nabab que ce que vous croirez convenable ; il serait bon que, pendant l'hiver, le Nabab nous fît des magasins en riz et bled.

Note des mâts nécessaires à l'escadre.

En cas qu'il y ait dans le pays des bois propres à la mâture, tels que bois de teck , et autres bois aussi légers et aussi lians, il faut en faire couper, choisir ceux où il y aura le moins de nœuds, et dont les veines sont droites.

Nombre des pièces.	Longueur.	Épaisseur.
6...	de 80 à 90 pieds.....25 à 22	pouces de diam.
12...	70 à 80..........21 à 24	*idem.*
24...	60 à 65..........19 à 22	*idem.*
24...	65 à 70..........18	*idem.*
30...	45 à 55..........12 à 16	*idem.*

Voilà les pièces nécessaires pour pourvoir à nos besoins actuels et à venir ; le Nabab m'a offert d'en faire couper, je profite de son offre ; je ne sais pas cependant le moment où je pourrai les prendre. Il n'est pas nécessaire de dire qu'il faut que ces mâts soient droits, et bien sains, qu'ils aient au petit bout les deux tiers du diamètre du gros ; les longueurs sont en pieds, les épaisseurs sont en pouces de diamètre ; quand on ne pourrait pas avoir toute la quantité, ni même la plus grande partie, ce ne serait pas une raison pour n'en pas couper. Si j'avais eu les mesures du Nabab, j'en aurais fait la réduction, mais M. Piveron est prié de la faire, et la fera très-aisément.

Signé, le chevalier DE SUFFREN.

Lettre de M. de Suffren au Nabab.

Du 6 octobre 1782.

NABAB,

Je viens de recevoir deux de vos lettres; on me les envoyait par mer, sur un petit bâtiment de seize canons qu'un vaisseau de guerre anglais de soixante-quatorze, contre toutes les lois, est venu prendre dans la rade de Trinquebar; heureusement un des envoyés des Mahrattes est venu à terre avec toutes ses lettres. Je vous félicite des avantages considérables qu'a remportés votre illustre fils; j'en suis très-charmé, et par rapport au bien de la cause commune, et à cause du plaisir que vous devez en avoir.

J'ai été voir M. le comte d'Hoffelize; quoiqu'il voie avec peine votre éloignement de lui, il se flatte de bien défendre Goudelour; mais il désirerait que vous lui envoyassiez un détachement de cavalerie, pour pouvoir être instruit de la marche des Anglais, et trois mille Cipayes; avec ce renfort, il est sûr de résister aux Anglais ; il voit avec peine qu'il n'est pas possible de faire son dépôt à Chalembron, comme vous le lui conseillez. 1° Il dit que cette place n'est point assez grande pour contenir son monde; 2° que le gros canon ne peut passer par les portes; 3° qu'il n'aurait ni assez de bœufs, ni assez de temps, pour faire les transports. Ce qui inquiète le plus M. d'Hoffelize, c'est qu'il craint que votre éloignement ne vous empêche de lui faire passer de l'argent; il en a grand besoin; outre qu'il a engagé beaucoup de Cipayes, il a été obligé de travailler aux fortifications, et y travaille encore. Par les lettres que je reçois, M. de Bussy sera bientôt dans l'Inde, mais voici une saison qui ne permettra pas aux vaisseaux de guerre d'aborder sur ces côtes. Je vais être forcé moi-même de m'éloigner, et ce sera pour joindre M. de Bussy. Lorsque nous serons joints, je vous le ferai savoir, pour que vous concertiez les opérations de guerre avec lui. L'incertitude de la mer, surtout dans la saison où nous allons entrer, pourrait retarder l'arrivée de mes nouvelles, mais soyez tranquille, rapportez-vous-en à M. de Bussy.

Les lettres de M. de Montigny, chargé des affaires du roi auprès des Mahrattes, et ce que m'ont dit les envoyés, m'assurent fort qu'ils n'ont point fait la paix avec les Anglais et qu'ils ne la feront point.

Signé, le chevalier DE SUFFREN.

M. PIVERON DE MORLAT.

Ce 6 octobre, à sept heures du soir.

Je me hâte de répondre à la lettre que vous m'avez fait l'honneur de m'écrire le 3 octobre. J'ai eu des nouvelles de M. de Bussy, le 1er août, et j'ai vu qu'il ne peut se flatter de partir que vers le 15 septembre. Dès lors il ne peut venir que par le nord; et ne pouvant être ici le 15 octobre, temps où la côte devient impraticable, on ne peut se flatter de l'y voir que dans les premiers jours de janvier. Mais la même raison qui l'empê-

(208)

chera d'aborder à cette côte en empêchera
aussi les Anglais ; et si M. Hughes quitte la
côte, nous pourrons nous trouver en mesure
de débuter par le siége de Madras. Le point
essentiel est de bien faire sentir au Nabab
que les mêmes tempêtes qui nous empêchent
de risquer notre escadre et notre armée , en
empêcheront aussi les Anglais, et que nous
les préviendrons à la fin de l'hivernage.
Dites-lui qu'outre cinq vaisseaux qui sont à
False, il y en a en chemin encore autant au
moins ; que M. de Bussy a envoyé des ordres
au Cap, pour qu'ils fussent en droiture dans
l'Inde, sans passer par Maurice. La réunion
de toutes nos forces ne peut avoir lieu que
vers la fin de novembre ; mais dans les premiers jours de janvier on peut se mettre à
même de frapper de grands coups. Je ne lui
ai point écrit tout cela, parce que je me méfie
des gens de son Dorbar ; dites-lui-en ce que
vous croirez convenable qu'il sache ; mais
surtout, le plus grand secret ; car si les Anglais savaient notre rendez-vous, tout serait
perdu. Je ne saurais trop vous répéter de lui
bien dire que voici la saison où il n'est plus

à craindre qu'on vienne chercher cette côte,
et qu'à l'ouverture de l'autre, nous y serons
les premiers. Vennagi-Pandet m'a fourni des
bœufs, des moutons, et cinquante mille
serres de ris. Je n'ai point encore de légumes
secs. Je sens toute la force du raisonnement
du Nabab, nous ne lui rendons aucun service, et nous ne cessons de lui demander de
l'argent, même avec aigreur. Grande partie
du dernier lack a été employée à rendre plus
d'argent qu'on n'en avait prêté, car on avait
prêté des piastres à 6 livres, on ne les a pas
voulu sur ce pied, mais on a voulu des pa-
godes à 8 livres 10 sols, ce qui fait une perte
de 18 pour 100 pour le Roi. Vous verrez,
par ma lettre au Nabab, que sans fixer l'é-
poque de l'arrivée de M. de Bussy, je la regarde comme très - prochaine, et elle l'est
réellement. M. de Peynier a envoyé avant
lui *la Cléopâtre*, de 36 canons, avec douze
transports ; il devait partir de False le 15 juillet. Le manque de vivres à False, et la difficulté des transports, ont été les seules causes
de ce retardement ; car il est à False depuis le
20 mai. Nous avons des offres des Mahrattes.

les Rajas du nord ont envoyé à M. d'Hoffelize. Ainsi, dans peu de mois, la révolution
peut être générale. Profitez de la circonstance
pour faire sentir au Nabab combien il sera
glorieux pour lui *d'avoir attaché le grelot;*
combien la France en sera reconnaissante.
Ce n'est point en vérité, le temps d'abandonner notre cause. Si le Nabab veut laisser
à M. d'Hoffelize cinq cents chevaux et trois
mille Cipayes, il ne craindra pas les Anglais.
Le prince pourra poursuivre ses projets dans
le nord. Dites au prince que je ne suis pas
complimenteur; que c'est pour ne pas l'en-
nuyer que, dans mes lettres, je ne parle
qu'affaires ; que mon attachement pour lui
est sans bornes ; que je n'oublierai jamais
qu'il a fait une marche de quatre jours pour
venir conférer avec moi. On a exigé que je
lui écrivisse encore pour de l'argent; en vérité, j'en suis si honteux que je n'ai pas su
insister.

Recevez les assurances du respectueux attachement avec lequel j'ai l'honneur d'être, etc.

Signé le chevalier DE SUFFREN.

M. le Commandeur DE SUFFREN.

Au camp près Vélour, le 12 octobre 1782.

MONSIEUR LE GÉNÉRAL,

J'ai reçu hier les deux lettres du 6 de ce mois, que vous m'avez fait l'honneur de m'écrire. La nouvelle que j'ai, de votre part, donnée au Nabab, du départ de M. le marquis de Bussy, de l'Ile-de-France, vers le 15 septembre, et de la réunion de toutes nos forces à la fin de novembre, lui a fait tant de plaisir, qu'en conséquence il m'a paru absolument décidé à rester dans la province jusqu'à cet heureux moment; en abandonnant le projet qu'il avait eu d'abord d'aller dans le nord. De cette manière, il sera en mesure de faire passer subitement des secours à M. le comte d'Hoffelize, si les Anglais entreprenaient de se porter de nouveau sur Goudelour, et de lès y suivre lui-même. Il n'a point répondu à la proposition d'envoyer actuellement trois mille Cipayes et cinq cents cavaliers, et à laquelle il s'était déjà refusé. Au premier mouvement que l'armée anglaise ferait sur cette place, je la lui renouvellerais, et l'exciterais de toutes mes forces à aller lui-même secourir un dépôt aussi intéressant.

J'ai, monsieur le Commandeur, bien fait entendre au prince, et répété plusieurs fois ce que vous m'avez recommandé particulièrement de lui dire, que, si la mauvaise saison empêchait M. de Bussy d'aborder à cette côte avant qu'elle fût finie, et vous-même d'y rester plus long-temps, outre la nécessité où vous étiez d'aller vous joindre à ce général, cet empêchement était le même pour l'escadre anglaise. Qu'à la fin de l'hivernage, c'est-à-dire dans les premiers jours de janvier, toutes nos forces réunies s'y porteraient et y précèderaient les Anglais; et qu'à cet effet M. de Bussy avait expédié une frégate au Cap, pour donner ordre à la seconde division de venir le rejoindre en droiture dans l'Inde, sans passer par Maurice; qu'alors on serait à lieu d'entreprendre le siége de Madras tout en débutant; que vous étiez pénétré de tous les services qu'il nous avait rendus jusqu'ici; que le roi de France les apprendrait avec reconnaissance, et la lui témoignerait; qu'enfin il touchait au moment d'en recueillir les fruits; qu'encore un peu de temps, il serait en mesure d'écraser dans toute l'Inde nos ennemis communs, etc., etc. Il m'a répondu : « J'ai beaucoup de confiance à tout ce que « me dit M. de Suffren. Ce que vous m'annoncez de sa part me fait le plus grand « plaisir, et je le crois; plût à Dieu que ce « moment fût déjà arrivé, et qu'aucun événe- « ment ne détruisît d'aussi bons projets, car « je désire autant la gloire de votre nation « que la mienne. »

J'ai cru qu'il ne fallait pas actuellement lui parler du rendez-vous de nos forces, à raison de ce qu'il est bien difficile qu'un secret soit gardé dans sa cour, quoique je l'aie prié d'en observer un très-scrupuleux sur toutes ces choses, et que je me sois approché très-près de lui, et aie parlé bas pour les lui dire. Il m'a ajouté ensuite qu'il serait nécessaire, aussitôt la réunion de nos forces, que M. de Bussy lui expédiât un aviso pour l'en instruire, afin de combiner avec lui les opérations de la campagne.

J'ai fait part au Nabab, monsieur le Commandeur, de la note des mâts qui vous sont nécessaires, en lui rappelant l'offre qu'il vous avait faite précédemment de vous en faire couper. J'ai fait la réduction de leurs dimensions en mesures à lui connues, et j'en fais faire présentement la traduction en mahratte, comme il l'a désirée. A ce sujet il m'a dit : « Je « vais faire faire ces mâts le plus prompte- « ment possible, près de Mangalor, où je les « ferai transporter. Je vais faire également « armer cinq à six vaisseaux, depuis 40 jus- « qu'à 60 canons, que j'ai dans ce port ; je « pense qu'ils pourront être utiles à M. de « Suffren, et se battre conjointement avec les « siens, et sous ses ordres, contre nos enne- « mis. Je ne puis que leur donner des Lascars « pour équipages ; mais ce général sera à lieu « de les composer mieux, en faisant passer « sur ces vaisseaux un certain nombre d'Eu- « ropéens, et en tirant des miens un pareil « nombre de Lascars. »

Je ne sais, monsieur le Commandeur, si ces vaisseaux ne vous seraient pas plus à charge qu'utiles ; mais c'est par intérêt pour la cause commune, et par une suite de la confiance que le Nabab a en vos opérations, qu'il a fait cette proposition. Je n'ai donc pas cru pouvoir me dispenser de lui répondre que je croyais qu'elle vous serait fort agréable ; et que vous verriez avec plaisir son pavillon dans votre escadre. Je pense, en même temps, qu'il serait à propos que vous lui écrivissiez des choses honnêtes à cet égard. J'envisage, d'un autre côté, l'acceptation de sa proposition comme très-avantageuse pour nous, en ce que, de cette manière, il se lie d'autant plus à nos intérêts.

J'ai ensuite parlé au Nabab des deux lacks de roupies dont notre armée a besoin, en lui répétant tout ce que lui a écrit à ce sujet M. le comte d'Hoffelize, et lui ajoutant particulièrement de votre part que, d'après tout ce qu'il avait déjà fait pour elle, vous étiez confus de lui faire cette demande ; mais qu'elle en avait tellement besoin, à raison des travaux qu'on avait été obligé de faire pour mettre Goudelour en état de défense, et qu'on continuait, que vous ne pouviez vous dispenser de lui représenter que cette somme lui était néces-

saire pour couvrir ses dépenses les plus ur-
gentes jusqu'à l'arrivée de M. de Bussy. Il m'a
répondu de vous écrire de sa part que, lors
de votre départ pour l'expédition de Trinquemalé, vous l'aviez prié de ne pas laisser manquer notre armée de l'argent et des vivres
dont elle aurait besoin; qu'il avait eu égard
à votre recommandation; qu'il lui avait jusqu'ici fourni cinq lacks de roupies et six
lacks de vivres; et que si, décidément, vous
trouviez indispensable qu'il donnât encore
cette somme, il la donnerait. Je crois donc
nécessaire, monsieur le Commandeur, qu'en
remerciant le Nabab de cette condescendance
pour vous, vous lui écriviez de nouveau pour
l'assurer du besoin qu'a l'armée de cette somme, et je suis persuadé qu'alors il la donnera.

Vous n'avez point de complimens à faire
auprès de ce prince; l'estime particulière et la
haute considération qu'il a pour vous, vous
en dispensent. Tout ce qui vient de votre part
est reçu par lui avec le plus grand empressement. Il est bon juge, et il semble avoir pris
pour vous les sentimens que tous les bons
Français vous doivent à si juste titre.

Vous devez, monsieur le Commandeur, avoir reçu présentement sept mille cinq cents boulets, cent charges de mantecque, et autant de légumes secs, qu'à ma connaissance, le prince a fait transporter à Goudelour pour vous être remis.

L'armée du Nabab est présentement campée à deux cosses et demie de Vélour. Le prince a annoncé qu'il resterait dans ce lieu au moins vingt jours. Il a été, ces jours-ci, reconnaître cette place ; je l'y ai accompagné. Je ne crois pas que ce soit pour en faire le siége, car il me dit, au moment où il l'observait : « Lors- « que M. de Bussy sera ici, nous ne tarderons « pas à nous emparer de cette place, et de « toutes les autres qui restent aux Anglais. »

Je suis, etc.

Signé PIVERON DE MORLAT.

Lettre de M. de Suffren au Nabab, du 13 octobre 1782.

Nabab,

J'ai reçu la lettre que vous m'avez écrite le 8 de ce mois, par laquelle vous m'annoncez que Vennagi-Pandet me verra pour me communiquer des lettres de votre part; je l'ai vu, et il m'a parlé, fort au long, sur tous les objets dont vous l'aviez chargé. La précédente lettre que je vous ai écrite, et qui était fort longue, répondait en quelque façon aux objets que vous m'avez proposés ; mais je vais y répondre plus en détail. J'ai été parcourir la place de Goudelour, on continue à y travailler ; mais, malgré les travaux qu'on y fera, on ne peut se flatter d'en faire une bonne place, l'enceinte en étant trop grande et les fortifications assez mauvaises. On ne peut espérer de s'y soutenir que par une forte garnison. M. le comte d'Hoffelize vous demande trois mille Cipayes; et je crois, en vérité, que ce n'est pas trop ; nous avons dans la place beaucoup de canons, et ils seront placés avec intelligence par les soins de M. d'Espinassi, dont vous connaissez l'habileté. Il m'est impossible de débarquer un seul Européen; les quatre combats que j'ai soutenus m'en ont fait perdre, tuer ou estropier près de mille. Depuis dix mois que je suis parti, j'en ai perdu six cents par la maladie; aux hôpitaux de Trinquemalé et Goudelour, huit cents; de sorte qu'il me manque deux mille quatre cents hommes; et sans les équipages des vaisseaux que j'ai eu le malheur de perdre, je n'aurais pas pu rendre à M. d'Hoffelize les Européens et les Indiens que j'avais embarqués. Relativement à M. de Bussy, je ne puis vous dire que ce que je vous ai dit dans ma précédente : il est sûrement parti; mais, dans la saison où nous sommes, il ne peut point aborder cette côte. Quelque chagrin que j'aie de m'éloigner de vous, il faut, pour le salut de l'escadre, que je parte, et que j'aille au-devant de M. de Bussy; une fois lui et moi réunis, les affaires prendront un autre tour, et l'on peut regarder, de ce moment là, la puissance des Anglais comme anéantie. Si vous avez la bonté d'envoyer à M. d'Hoffelize les Cipayes qu'il vous demande, les cinq cents hommes de cavalerie pour éclairer les démarches des Anglais, et l'argent nécessaire pour attendre M. de Bussy, je ne vois point d'inconvénient que vous suiviez votre projet d'aller dans le nord. Il paraît que les Anglais veulent former une armée dans le sud. Après la défaite de Bratwaite par votre illustre fils, ils envoyèrent *le Yarmouth* avec un train d'artillerie et des officiers; *le Yarmouth* ayant été pris, ils ont envoyé un autre bâtiment que j'ai brûlé; mais les officiers et le monde qu'il avait passés étaient débarqués; la plus grande partie des munitions de vivres et de guerre ont été perdues. Le mauvais temps m'a forcé de m'éloigner de la côte, et dans deux jours au plus tard, je compte partir. Je vous prie de n'être point inquiet si vous ne recevez pas de mes nouvelles; les voies de mer sont trop incertaines pour y compter. Conservez-moi vos bontés, et soyez persuadé qu'autant par devoir que pour exécuter les ordres du roi mon maître, et par l'inclination que j'ai pour vous, je ne négligerai rien

de ce qui pourra nuire à nos ennemis communs.

Je vous remercie des ordres que vous avez
donnés à Vennagi-Pandet, de me fournir des
bœufs, des cabrits, des ognons, de la mantecque et des dattes.

Dès que j'aurai tous ces différens objets, je
lui en ferai donner des reçus.

Signé le chevalier DE SUFFREN.

Post-Scriptum à M. Piveron.

Je vous envoie, Monsieur, la copie de la
lettre que j'écris au Nabab; ce sera la dernière, au moins pour quelque temps. Je m'en
rapporte à celle que j'ai eu l'honneur de vous
écrire avant-hier. Je crains encore que l'esprit qui régnait du temps de M. Duchemin
ne se renouvelle, et que les clabauderies ne
recommencent.

Signé le chevalier DE SUFFREN.

M. le Commandeur DE SUFFREN.

Au camp du Nabab, près Vélour, le 14 octobre 1782.

MONSIEUR LE GÉNÉRAL,

A l'instant même, je reçois une lettre du 23 septembre dernier, de M. de Montigny, qui me marque qu'on peut être très-tranquille sur les dispositions actuelles de la cour de Pounah ; qu'il n'y a ni paix ni trêve entre elle et les Anglais ; que Nanafernis l'en assure chaque fois qu'il traite avec lui des intérêts de la nation ; mais que cependant il ne répond des dispositions de cette cour que pour le moment, et qu'elles seront soumises dans la suite au développement des événemens, lors de l'arrivée de M. le marquis de Bussy.

Ces nouvelles, monsieur le Commandeur, ne sont qu'une confirmation des dernières qu'on a eues de M. de Montigny ; mais, dans la même lettre, il m'en écrit une autre par post-scriptum, qui est on ne peut plus intéressante pour vous. La voici en propres termes : « Nanafernis m'assure qu'il est venu une « escadre d'Europe à Bombay, composée de « six vaisseaux de guerre et de seize bâtimens

« de transport; point de troupes de débar-
« quement, du moins à Bombay. Cette escadre
« est partie depuis six jours pour aller, dit-on,
« rejoindre celle de l'amiral Hughes; il serait
« bien important d'empêcher cette jonction. »
Quoique M. de Montigny me recommande de
transmettre à M. le comte d'Hoffelize les nouvelles qu'il m'écrit, je ne lui fais point part
de celle-ci, et n'en donne connaissance qu'à
vous et à M. de Launay; et, comme il m'a envoyé une lettre pour M. de Boistel, dans la
crainte qu'il ne lui parle de cette nouvelle in-
quiétante, j'écris à ce dernier, en lui envoyant
sa lettre : « Je crois bien important, si M. de
« Montigny vous parle des vaisseaux anglais
« de Bombay, de ne vous en ouvrir qu'à M. le
« Commandeur. »

Je vais, d'un autre côté, monsieur le Commandeur, écrire sur-le-champ à M. de Montigny, pour le prier de s'informer plus particulièrement si cette nouvelle est vraie; mais
lors de sa réponse vous ne serez plus à la
côte.

Je suis, etc.

Signé PIVERON DE MORLAT.

M. le Commandeur de Suffren.

Au camp du Nabab, près Vélour, le 15 octobre 1782.

Monsieur le général,

Le Nabab, hier au soir, me dit de vous écrire qu'il venait de recevoir la nouvelle, de la côte Malabar, que vingt vaisseaux, les uns grands, les autres petits, étaient partis de Bombay, sans qu'on sût où ils allaient ; qu'il présumait cependant qu'ils se portaient sur Mangalor, ou autre de ses possessions ; ou bien qu'ils venaient se joindre à l'escadre de M. l'amiral Hughes. Cette nouvelle, monsieur le Commandeur, me paraît la même que celle que m'a marquée M. de Montigny, et dont je vous ai fait part hier.

Le Nabab m'ajouta de vous écrire également de sa part, qu'il avait eu avis que trois vaisseaux de guerre de l'escadre de M. Hughes étaient venus débarquer à Négapatam le colonel Lang et trois cents hommes de troupes, avec plusieurs pièces d'artillerie, des munitions de guerre et de bouche. Je lui répondis que j'avais eu, au commencement de ce mois, nouvelle que cette opération avait eu lieu lorsque vous étiez encore à Trinquemalé , et que je pensais que c'était la même qu'on lui marquait présentement.

Je suis , etc.

Signé , PIVERON DE MORLAT.

M. le Commandeur DE SUFFREN.

Au camp du Nabab, près Vélour, le 17 octobre 1782.

MONSIEUR LE GÉNÉRAL ,

J'ai reçu la lettre du 13 de ce mois, que vous m'avez fait l'honneur de m'écrire, jointe à la copie de celle de même date , que vous avez adressée au Nabab , et que je lui ai fait une seconde fois interpréter. Le Prince vous a répondu , et m'a chargé de vous écrire que le mauvais temps de la mousson du nord commençant à se déclarer, il sentait parfaite-ment que vous ne pouviez plus long-temps, sans danger, rester à la côte ; que conséquem-ment , convaincu de ce que vous lui dites à ce sujet, il était le premier à vous inviter à

15

partir, vous recommandant aux destins heureux qui accompagnent ordinairement les
grands hommes (ce sont ses expressions). Il
m'a ajouté : « Je sens trop aujourd'hui l'im-
« portance de votre départ de Goudelour,
« pour suivre mon premier projet d'aller dans
« le nord ; je resterai donc sur la province jus-
« qu'à l'arrivée de M. de Bussy ; et si les An-
« glais font de nouvelles entreprises sur cette
« place, je lui porterai un prompt secours ;
« assurez-en de ma part M. de Suffren : qu'il
« parte promptement, qu'il aille rejoindre
« M. de Bussy, qu'il revienne le plus tôt pos-
« sible avec lui ; et alors nous ferons de grandes
« choses qui me consoleront de l'inaction
« où je suis obligé de rester. C'est pour les
« intérêts de votre nation que je m'y résous ;
« mais j'ai promis d'être votre ami, l'allié de
« votre Roi, je garderai scrupuleusement ma
« promesse ; que M. de Suffren parte dans
« cette confiance, et en assure M. de Bussy
« quand il le verra. » De cette manière il n'en-
verra pas les trois mille Cipayes, ni les cinq
cents cavaliers que M. d'Hoffelize lui avait demandés. Lorsque je lui en ai parlé, il y a déjà

quelque temps, de la part de M. le comte, cette proposition ne parut pas lui plaire, je ne sais pourquoi. Je vous avoue, monsieur le Commandeur, que cet intérêt, que le Nabab prend à ce qui nous regarde, m'attendrit réellement. Je crois pouvoir vous certifier qu'il est sincère, quoi qu'on en dise; car, que n'a-t-il pas fait pour nous jusqu'ici. Vous rendez justice à ses sentimens; M. de Bussy la lui rendra certainement aussi; mais ce que vous me dites par votre post-scriptum, et dont je m'étais déjà aperçu, me fait trembler jusqu'à l'arrivée de ce général. Quoi qu'il en soit, je mettrai tout en œuvre pour soutenir continuellement le prince dans son heureuse bienveillance pour nous, soyez-en persuadé. Agréez, monsieur le Commandeur, les vœux que je fais pour que toutes sortes de bonheur couronnent vos glorieuses entreprises; et veuillez-bien, je vous supplie, me conserver vos bontés.

Je suis, etc.

Signé, PIVERON DE MORLAT.

M. Piveron de Morlat.

A Goudelour, le 6 février 1783.

J'étais à Gamjam, Monsieur, lorque j'appris, par les équipages de la frégate *le Coventry* que nous prîmes le 12 janvier, la mort de Haïder - Aly. Je pensai alors qu'il était essentiel de gagner la côte. Je renonçai à toute entreprise, et je partis le 15, dès que j'eus rassemblé les vaisseaux chasseurs. J'ai été si fort contrarié par les calmes que je ne suis arrivé qu'aujourd'hui. Je n'ai pas même osé passer sur Armégon, parce que l'année passée, précisément dans le même temps, j'y fus retenu dix jours par les calmes. J'en ai à présent du regret ; mais je ne savais pas pour lors que le Nabab Tipoù suivît les grands desseins de son père ; les Anglais nous l'avaient dit battu entièrement par le général Mathews, vers Calicut ; et je craignais que l'on n'eût besoin de moi ici. Recevez mon compliment sur le parti qu'a pris le Nabab et son armée, car je ne doute pas que vous n'y ayez eu la plus grande part. Je lui écris une lettre de complimens. Je suis un peu embarrassé relativement à M. de Bussy ; mais je crois qu'à présent on peut regarder et assurer son arrivée comme très-prochaine.

Ma croisière n'a pas été heureuse, voici ce que j'ai pris :

Le Coventry, corvette de 3o canons.

Le Blancford, vaisseau de compagnie, où il y avait cent huit balles de drap.

Une gourave ou pale, de 20 canons, marche supérieure.

Cinq senaults, sous pavillon anglais, allant au Bengale.

Sur divers parias, détruits ou brûlés, cinq cents tonneaux de riz.

Un bâtiment de 70 tonneaux, chargé d'artillerie et effets d'artillerie, allant du Bengale à Gamjam.

Un bâtiment de 70 tonneaux, chargé de poivre, alun, noix d'arèque.

J'aurais pu faire beaucoup mieux, mais, mais, mais, etc. Il y a dans l'escadre beaucoup de malades ; nous aurions besoin de repos, mais c'est le temps d'agir. L'envoi du vaisseau commandé par M. de Boisquenay prouve que nos malheurs d'Amérique n'ont point fait renoncer à l'Inde ; sans l'épidémie, qui a diminué l'armée de M. de Bussy, et qui en a retardé l'arrivée, nous aurions fait de belles choses cette année. Je n'ai encore vu que M. de Solminihac. Je suis mouillé entre Pondichéri et Goudelour : au jour j'irai à Pondichéri. D'Achem, j'avais détaché le petit *Annibal* et *la Bellone* pour aller faire une croisière à l'embouchure du Gange, je n'en ai point de nouvelles, ce qui m'inquiète fort, et je ne sais qu'imaginer.

Agréez, je vous prie, les assurances du respectueux attachement avec lequel j'ai l'honneur, etc.

Signé, le chevalier DE SUFFREN.

P.-S. Je vous prie de dire au Nabab que je n'ai pas cru convenable, dans mes premières lettres, de lui faire des demandes, mais que j'aurais particulièrement besoin de viande fraîche, blé, mantecque, et graines jaunes.

M. le Commandeur DE SUFFREN.

Au camp du Nabab Tipoù-Sultan-Bahader,
près Nellipacom, le 9 février 1783.

MONSIEUR LE GÉNÉRAL,

J'ai reçu ce soir, avec un bien sensible plaisir, la lettre du 6 de ce mois, que vous m'avez fait l'honneur de m'écrire. J'ai été, sur-le-champ, présenter au Nabab Tipoù-Sultan celle qui y était jointe, à son adresse. Depuis long-temps ce prince me demandait de vos nouvelles; il a appris votre arrivée avec beaucoup de satisfaction : il n'ignore point, monsieur le Commandeur, la haute estime et la grande considération qu'avait pour vous le feu Nabab son père; il sait combien vous méritez ces sentimens; et je crois pouvoir vous assurer qu'il en est pénétré lui-même. Depuis long-temps déjà je l'entretenais des besoins que vous auriez à votre arrivée. Il me répondait toujours qu'il avait tous les objets qui vous étaient nécessaires, dans Harny; et lorsque je lui ai parlé, ce soir, de la nécessité de vous les faire parvenir, il en a donné l'ordre sur-le-champ.

J'ai, monsieur le Commandeur, un million de choses à vous dire; mais je ne le puis aujourd'hui, le prince me pressant de faire ma lettre, pour l'envoyer avec la sienne, à l'instant, par un chameau coureur. Il désire m'expédier auprès de vous lorsque M. Delaunay, qu'il attend ici, s'en retournera; alors j'aurai l'honneur de vous entretenir de tout ce qui s'est passé pendant votre absence, et des grands intérêts actuels : dans l'impossibilité où je suis de vous en entretenir présentement, je me tranquillise, sur ce que M. Delaunay me marque vous avoir communiqué la dernière lettre du 3 de ce mois, que je lui ai écrite, et qui vous mettra au fait de la position actuelle du prince.

Nous sommes ici à cinq cosses de Vandavachy, et M. le comte d'Hoffelize est campé à une cosse de nous. L'armée anglaise s'est portée à Vandavachy, pour favoriser, dit le Nabab, son évacuation. Le prince a l'intention de l'aller attaquer; s'il prend décidément ce parti, j'aurai l'honneur de vous en instruire, comme de tout ce qui se passera.

Je suis avec respect, etc.

Signé, Piveron de Morlat.

P.-S. La perte que nous avons faite par la mort d'Haïder-Aly-Kan est irréparable. Quoique Tipoù-Sultan semble vouloir poursuivre les projets de son père, et demeurer notre allié, il n'a ni la capacité, ni le génie, ni les talens militaires du feu Nabab. Ce sont des vérités dont on a eu occasion de se convaincre depuis son avénement.

Haïder-Aly-Kan était le prince le plus étonnant qui ait jamais paru en Asie. De rien il a formé ses vastes états, par la force de son bras; il a su, par son génie, les conserver jusqu'à la fin; et est mort la terreur de l'Inde entière, et de la nation anglaise, au milieu des conquêtes qu'il a faites sur cette nation belliqueuse et puissante. Tipoù-Sultan a hérité subitement de ces grandes possessions, de trésors immenses, d'une nombreuse armée; il en est trop orgueilleux. Dieu veuille qu'il sache se maintenir dans ces

beaux avantages, tant que nous aurons besoin de lui. Le feu Nabab était d'ailleurs sincère ami des Français, (et je mets de côté,
en disant cela, l'intérêt qui pouvait lui faire
rechercher notre alliance,) il en a donné
des preuves convaincantes jusque dans ses
derniers momens. Il avait pris beaucoup de
confiance en moi, et me donnait journellement des marques publiques de ses bontés ;
ce qui me facilitait son accès, et m'a souvent
aplani beaucoup de difficultés dans les objets que j'avais à traiter avec lui. Je le re-
grette infiniment, et pour la nation, et pour
moi-même.

Tipoù-Sultan connaissait d'abord la manière dont je me suis comporté avec le feu
Nabab, et sa bienveillance pour moi ; d'un
autre côté, les trois chefs qui ont commandé
l'armée au moment de la mort de son père
et jusqu'à son arrivée, lui ont rendu compte
de la conduite que j'ai tenue dans cette circonstance critique ; de sorte qu'il me traite
avec beaucoup d'honnêteté et de bonté ; il
me témoigne aussi de la confiance ; j'ai tout
lieu, personnellement, de m'en louer ; mais

quant aux affaires dans tous les genres, quelle différence de génie, de lumières, d'action, de manière de gouverner, de lui au grand homme qui n'est plus !

Je suis avec respect, etc., etc.

Signé, PIVERON DE MORLAT.

BIBLIOTHEQUE ROYALE

FIN.

LISTE GÉNÉRALE

DES SOUSCRIPTEURS.

S. Exc. M. le Marquis de CLERMONT-TONNERRE,
Lieutenant-général, Pair de France, Ministre Secrétaire d'État de la Marine et des Colonies.

MM.

Angot-des-Rotours (le Baron), Contre-Amiral.
Angebert, Commissaire de la marine.
Amblard, Enseigne de vaisseau.
Allègre (David), Capitaine au long-cours.

Boursaint, Conseiller d'État, Directeur des fonds et
invalides, au ministère de la marine.
Burdet, Négociant à Paris.
Bazin (Auguste), Élève du Collége de la marine, à An-
goulême.
Bongàrs (de), *idem.*
Baudin aîné, Négociant, à St.-Martin, Ile-de-Ré.
Brandons (Jean-Jacques), *idem.*
Bascans (de), Lieutenant au 55e régiment de ligne.
Branquemont (de), *idem.*

MM.

Baslé, Sous-Commissaire de marine, Contrôleur des forges royales à la Chaussade.

Bidé de Maurville, Contre-Amiral, Commandant de la marine, à Rochefort.

Bailly, Capitaine Adjudant-Major au 2e régiment de la marine.

Biache (le Baron de), Chevalier de St.-Louis.

Bajot, Chef de bureau au ministère de la marine.

Brienne, Sous-Chef de Division à l'administration des Douanes.

Boulanger (Ferdinand), Négociant, à Paris.

Boniface (le Chevalier), Capitaine de vaisseau.

Bougainville (le Baron de), idem.

Boisseau, ancien Artilleur de la marine, sur le vaisseau le Flamand.

Butel de Montgai, de la Guadeloupe.

Bellue, Libraire, à Toulon.

Bayssie, Libraire, idem.

Bardaon, Vicomte de Segonzac, Contre-Amiral.

Borgnis-des-Bordes, Lieutenant de vaisseau.

Bausset (de), idem.

Bolle, Élève de 1re classe.

Barreaut, Capitaine de frégate.

Belamy, Enseigne de vaisseau.

Bryhan, Propriétaire, à Rochefort.

MM.

Bétout , Chef de bureau , au ministère de la marine.
Bouché, Employé.

Cabaret , Sous-Contrôleur de la marine.

Capelle , Commissaire de la marine.

Courtin , Lieutenant de vaisseau.

Cosnier, Élève du Collége royal de la marine, à Angoulême.

Chaigneau , *idem.*

Cuny , Lieutenant au 55me régiment de ligne.

Caron aîné, ancien Agent de change.

Caron de Givramont, *idem.*

Comeiras (Victorin de), Directeur des hôpitaux à la Guadeloupe.

Cormenin (le Baron de), Maître des requêtes.

Coffyn-Spyns , Membre de la Chambre des Députés.

Castellet (le Comte du), Contre-Amiral, Commandeur de St.-Louis.

Carrisme , Libraire, à Lorient.

Catelin , Enseigne de vaisseau.

Carlier-d'Herlye (le), Capitaine de vaisseau.

Cazenave , Ex-Aspirant de la marine.

Cavallier , Employé au ministère de la marine.

Cahouet de Vancour , Propriétaire, à Sceaux.

Caneghem (Van), Vice-Consul de S. M. le roi des Pays-Bas, à Canton (Chine).

MM.

Daugier (le Comte), Contre-Amiral, Conseiller d'État, Directeur du personnel au ministère de la marine.

Denois, Contrôleur de la marine.

Dusseuil, Élève du Collége royal de la marine, à Angoulême.

Ducampe-de-Rosamel, *idem*.

De la Boixière, *idem*.

Dechézeaux (Étienne-Isaac), Négociant, à Ars, Ile-de-Ré.

Dechézeaux (Achille), Négociant et Consul à la Flotte.

Desmaretz, Capitaine au 55me régiment de ligne.

De Saint, Commissaire de la marine, Chef de bureau au ministère.

Disdier, Capitaine au 2me régiment de la marine.

Dupin, Membre de l'Institut, Ingénieur de la marine.

De Reste, Chef de bureau au ministère de la marine.

Ducler, Commissaire de la marine, faisant fonction d'Ordonnateur, à Pondichéri.

Delaage de la Bretollière, Chevalier de St.-Louis.

Delamare-de-Lamellerie (le Vicomte), Capitaine de vaisseau.

Desaulces de Freycinet (Louis-Claude), *idem*.

Duneufgermain, Sous-Chef de bureau au ministère de la marine.

Drouault, Capitaine de vaisseau.

Dupont, Enseigne de vaisseau.

MM.

Dallas, Sir Georges, à Paris.

Debormes, rue Sainte-Anne, n. 10.

Desperrier, Libraire, à Brest.

Damas (le Commandeur de), Vice-Amiral.

Durbec, Lieutenant de vaisseau.

Decayen, Enseigne de vaisseau.

Delapoix de Freminville, Lieutenant de vaisseau.

Desfontaines, fils, Employé au ministère de la marine.

Dubosq, Commissaire de l'inscription maritime, à Caen.

Dupetit-Thouars (Abel), Lieutenant de vaisseau.

Dupetit-Thouars (Armand-Georges), *idem.*

Domon (le Vicomte), Lieutenant général.

Emériau (le Comte), Vice-Amiral.

Émond, Capitaine au 2me régiment de la marine.

Étienne (Charles), Enseigne de vaisseau.

Église (le Chevalier de l'), Sous-Inspecteur division-
naire des douanes.

Élèves de la marine (la 1re compagnie des), à Brest.

Espiaux, Lieutenant de vaisseau.

Ferrand (le comte), Ministre d'État, Pair de France.

Fatio (Antoine), Directeur des hôpitaux, à la Guadeloupe.

Fournier (Étienne), Négociant et Capitaine au long
cours.

Fournier-Désormeaux fils, Négociant.

MM.

Foucault, ancien Lieutenant de vaisseau.

Fayard (de), Commissaire de l'Inscription maritime, à Tours.

Falba, Colonel-Commandant le régiment d'artillerie de la marine.

Fraboulet de Villeneuve, Colonel d'artillerie de marine, Commandant le 2e régiment des troupes de la marine.

Fossé-D'Arcosse, Chef de bureau au Trésor royal.

Fays, Commissaire de l'Inscription maritime , à Saint-Valery S. S.

Fleury, rue Royale-Saint-Honoré, à Paris.

Faye, Libraire, à Toulon.

Froidefontaine (de), Lieutenant de vaisseau.

Fournier, *id.*

Frizon, Chef de bureau au Ministère de la marine.

Gailhard, Commissaire de l'Inscription maritime, à St.-Jean-de-Luz.

Gallard de Terraube, Capitaine de vaisseau honoraire, Gouverneur du Collége royal, à Angoulême.

Gréban, Élève au Collége royal d'Angoulême.

Guillain, *idem.*

Gourdon (Louis-Alexandre de) , *idem.*

Godard, rue du Faubourg Poissonnière, n. 17.

Guénin, Chef de bataillon , en retraite.

Gerbidon, Sous-Contrôleur de la marine.

16

(242)

MM.

Gautherin, Capitaine au long cours.
Gachot, Commissaire de la marine.
Gallois, Capitaine de frégate.
Gatier, Enseigne de vaisseau.
Giboin, Capitaine de frégate.
Gicquel des Touches, *idem.*
Grandin de Mansigny, Lieutenant de vaisseau.
Gibert (Augustin), Propriétaire, à Paris.

Hennequin, Avocat, à Gerbévillers (Meurthe.)
Hennequin, Avocat à la Cour royale de Paris.
Hoffelize (le comte d'), Maréchal-de-camp, Membre
  de la Chambre des Députés.
Hebbelynck (Auguste), Banquier, à Paris.
Hamelin (le Baron), Contre-Amiral.
Houssart, Capitaine au long-cours, à Calcutta.
Halgan, Contre-Amiral.

Jannelle, Chef de bureau au Ministère de la marine.
Jubelin, *idem.*
Jamet, Commissaire de l'Inscription maritime, à Blaye.

Kéraudren, Inspecteur général du service de santé de
  la marine.

MM.

Kérouartz (de), Albert, Élève au Collége royal de la marine, à Angoulême.

Kérimel (de), Capitaine de frégate.

Léissègues (de), Vice-Amiral.

Lamarche, Capitaine de frégate, Sous-Gouverneur du Collége royal de la marine, à Angoulême.

Leclerc de Champgobert, Lieutenant de vaisseau, Aide-Major au Collége royal d'Angoulême.

La Blénie, Élève au Collége royal de la marine, *idem.*

Lefebvre, Sous – Chef de bureau au Ministère de la marine.

Lagatinerie - Marrier (de), Commissaire de la marine.

Lecereclerc, Maire de Saint-Martin, Ile-de-Ré.

Lecand, Trésorier de l'hospice, à *id.*

Lemarchant, Chirurgien-major au 55e régiment de ligne.

Laharpe, Sous-Lieutenant, *idem.*

La Terrade (de), *idem.*

Lespinat, Chef de bataillon au 2e régiment de la marine.

Larrouy, Capitaine *idem.*

Lemachois, Propriétaire des bains de Bagnoles (Orne).

Lachelier, Capitaine de frégate.

Laugier, Chef du secrétariat au Ministère de la marine.

MM.

Laval (de), Chef de bureau au Ministère de la marine.

Lacoudrais, Sous-Directeur de la division des fonds et Invalides , *idem*.

Lefournier , Libraire à Brest.

Legrand , Sous-Chef de bureau à la préfecture de la Haute-Garonne.

Lartigue , Enseigne de vaisseau.

Langlois , Capitaine de frégate en retraite.

Leclair , ancien Chirurgien de la marine.

Lalonde , Enseigne de vaisseau.

Law de Clapernoux , *idem*.

Lecoupé , Capitaine de vaisseau.

Ledault, Lieutenant de vaisseau.

La Rouvraye (de), *idem*.

La Rochassière (de), *idem*.

Morel, Caissier du trésorier général des Invalides de la marine.

Malestroit de Bruc (le marquis de), Lieutenant général au Corps royal d'état-major.

Maillard , Commis principal de la marine.

Matharel , Lieutenant de vaisseau , aide - major au Collége royal de la marine , à Angoulême.

Margeot , *idem*.

Moges (le comte de), Capitaine de frégate.

Morogues (de), Élève au Collége royal de la marine.

MM.

Marne (de), Élève au Collége royal de la marine.

Masseau-Mercier , Négociant, à Saint-Martin , Ile-de-Ré.

Meunier , Capitaine au 55e régiment de ligne.

Maquart, Employé au ministère de la marine.

Macarel , Avocat aux conseils du Roi, et à la Cour de cassation.

Mackau (le Baron de), Capitaine de vaisseau.

Mallet, *idem*.

Maupas (Mme de), rue Jacob , à Paris.

Martinenq (de), Capitaine de vaisseau.

Morandy, Commis principal de la marine.

Marinier, Lieutenant de vaisseau.

Nourry, Élève au collége royal de la marine , à Angoulême.

Offret , Commissaire de l'Inscription maritime , à l'Ile-de-Ré.

Ogier, rue Saint-Roch , n° 25 , à Paris.

Olivier , Lieutenant de vaisseau.

Portal (le Baron), Ministre-d'État , Pair de France.

Portier , Commissaire général de la marine, Sous-Directeur du personnel au ministère.

MM.

Pironneau, Professeur de mathématiques au Collége royal de la marine, à Angoulême.

Pascal, Capitaine-trésorier au 2e régiment de la marine

Prigny de Quérieux (le Baron de), Capitaine de vaisseau, commandant la compagnie des gardes du pavillon amiral.

Prigny (de), Chef de bureau au ministère de la marine.

Prevost, Sous-Commissaire de la marine.

Plagniol, Colonel au corps royal du génie.

Pichat, Capitaine d'artillerie de la marine.

Préaux (le Chevalier), Chef de bataillon d'artillerie de la marine.

Picard, Négociant à Calcutta.

Peytieux père, Professeur de langues, rue Chanoinesse, n. 2.

Quevilly, Commissaire de l'Inscription maritime, à Dieppe.

Rigny (le Chevalier de), Capitaine de vaisseau.

Regnault de la Susse, Capitaine de frégate.

Roulland, Lieutenant de vaisseau, Aide-Major au Collége royal de la marine, à Angoulême.

Regnet (l'abbé), aumônier, *id.*

Rivière (de), Élève, *id.*

MM.

RostAN, Sous-Chef de division à l'Administration des
Douanes.

Ravez, Enseigne de vaisseau.

Roncherolles (le Comte de), Officier d'ordonnance
de S. Exc. le Ministre de la guerre.

Ricaudy (de), Sous-Commissaire de marine.

Russel , Capitaine de vaisseau.

Richemond (de), Lieutenant de vaisseau.

Rossel (le Chevalier de), Contre-Amiral honoraire ,
Directeur adjoint du dépôt des cartes de la marine.

Roussin (le Baron), Contre-Amiral.

Rouvraye (de la), Lieutenant de vaisseau.

Serre, Chef de bataillon au 2e régiment de la marine.

Saint-Légier de la Sausaye (de), Élève au Collége
d'Angoulême.

Simon , id.

Suffren (le Baron de), Chevalier de l'Ordre de Saint-
Jean-de-Jérusalem.

Suffren Saint-Tropez (le Vicomte de), ancien Colonel
de cavalerie.

Suffren (Auguste de), Chef de bataillon, Chevalier de
Saint-Louis.

Souchet, négociant à Saint-Martin, Ile-de-Ré.

Saizieu (le Baron de), Capitaine de vaisseau.

Saint-Marc (le Baron de).

MM.

SAINT-HILAIRE-FILLEAU, Sous-Directeur des colonies
au Ministère de la marine.

TUPINIER, Directeur des ports au Ministère de la marine.
THIBAULT, Chevalier de Saint-Louis.
TINANT, Commissaire de la marine.
TANSORIER, Maire du Tréport (Somme).
TRAVERS, Sous-Lieutenant au 55e régiment de ligne.
TOURNEUX, Libraire, à Paris.
TROTEL, Capitaine de frégate.
TURIAULT, Lieutenant de vaisseau.
THARON (de), *id.*
TROCQUET, Sous-Commissaire de la marine, à Bourbon.

VITROLLES (le Baron de), Ministre d'État.
VAUVILLIERS, Maître des requêtes, Secrétaire général
du Ministère de la marine.
VILLARET DE JOYEUSE, Capitaine de vaisseau.
VALLET DE CHEVIGNY, Sous-Chef du sécrétariat-général
du Ministère de la marine, Secrétaire intime de S. Exc.
VINATY, Employé à la direction des colonies, *id.*
VÉLU, Propriétaire, à Paris.

WORMESELLE-ROUCHON (de), Lieutenant de vaisseau.

www.ingramcontent.com/pod-product-compliance
Ingram Content Group UK Ltd.
Pitfield, Milton Keynes, MK11 3LW, UK
UKHW020734120726
13693UKWH00001B/322